Flirt-Ratgeber für Männer

Erfolgreich flirten und die richtige Partnerin finden

Michael Caravetti

ZEBRABUCH

Flirt-Ratgeber für Männer

von Michael Caravetti

Dieses Werk entspricht der aktuellen amtlichen Regelung der deutschen Rechtschreibung vom 1. August 2006.

Redaktion Siegfrid Bär

Umschlaggestaltung Ute Knüsting

Cover-Foto © tiptoee - Fotolia.com

Druck und Bindung BOD

ISBN: 9783864270536

www.zebrabuch.de

INHALTSVERZEICHNIS

ÜBER DIESES BUCH

Einen neuen Partner kennenzulernen, ist gar nicht so einfach. Nicht umsonst tummeln sich Hunderttausende Partnersuchende in Online-, Single- und Partnerbörsen. Doch ganz gleich, ob online oder im echten Leben: Letztlich ist nur der erfolgreich, der in der Lage ist, sich so zu präsentieren, dass der Wunschpartner oder gar die Traumfrau ihn auch bemerkt.

Dabei muss man gar nicht aussehen wie Johnny Depp oder erfolgreich sein wie Robbie Williams, um bei Frauen erfolgreich zu sein. Mit ein wenig Einfühlungsvermögen sowie den Tipps und Tricks aus diesem Buch kann jeder Erfolg bei Frauen haben. Dazu gehört neben dem richtigen Flirten auch die Fähigkeit, beim Kennenlernen und beim ersten Date einen guten Eindruck zu machen. Wer flirten kann und weiß, wie man sich im Umgang mit Frauen verhalten muss, hat gute Chancen, auch bei seiner Traumfrau zu landen.

Sie erfahren in diesem Buch:

+ Welche wichtigen Grundlagen für einen erfolgreichen Flirt notwendig sind.
+ Wie man Frauen kennenlernt.
+ Wo man interessante Frauen kennenlernen kann.
+ Wie man einen Flirt startet.
+ Wie Flirt-Talk funktioniert.
+ Beispielformulierungen für jede Gelegenheit.

+ Wie man eine Frau zu einem Date oder Rendezvous einlädt.
+ Wie man sich bei einem Date richtig verhält.
+ Wie Sie das Herz jeder Frau erobern können.
+ Wie es nach dem ersten Treffen weiter geht.
+ Welche Fehler Sie auf jeden Fall vermeiden müssen!
+ Woran Sie erkennen, dass eine Frau auf Sie steht.

Also, jede Menge Tipps und Tricks für alle Situationen vom Kennenlernen bis zum ersten Date und darüber hinaus.

GRUNDLAGEN FÜR IHREN ERFOLG

In diesem Buch erhalten Sie eine Vielzahl von praktischen Anleitungen und Tipps, die Sie dabei unterstützen Frauen kennenzulernen und erfolgreich zu flirten. Um dafür eine optimale Ausgangssituation zu schaffen, schauen wir uns in diesem Kapitel die dafür notwendigen Grundlagen an.

Denn: **Erfolgreiches Flirten beginnt im Kopf!**

Die richtige Einstellung und die Beachtung einiger elementarer Regeln werden Ihre Chancen bereits beim nächsten Flirt wesentlich verbessern. Die in diesem Kapitel behandelten Themen werden Ihnen ganz entscheidend dabei helfen, die folgenden Tipps, Anleitungen und Hilfestellungen besser und erfolgreicher umzusetzen.

Mit der richtigen Einstellung starten

Viele, wenn nicht die meisten Männer beginnen die Suche nach Frauenbekanntschaften oder die Suche nach einer neuen Lebenspartnerin auf einer ungünstigen Basis:

- Sie haben oft wenig Selbstvertrauen
- Sie fühlen sich als Bittsteller
- Sie haben schlicht Angst

Mit diesen Grundeinstellungen zu starten, ist etwa so als würde ein 100-Meter-Sprinter mit zusammengebundenen Füßen starten, oder ein Schwimmer mit einer 10 Kilogramm schweren Bleiweste antreten. Das heißt, die Männer machen sich das Leben und insbesondere das Flirten unnötig schwer.

Hunderttausende Frauen sind ebenfalls auf der Suche nach einem Partner!

Machen Sie sich klar, dass Sie mit Ihren Wünschen keinesfalls ein Bittsteller sind. Es gibt Hunderttausende, wenn nicht Millionen von Frauen, die, **genau wie Sie**, auf der Suche nach einem (neuen) Partner sind. Die meisten von ihnen warten, **genau wie Sie**, sehnlichst darauf, einen attraktiven, sympathischen und liebenswerten Partner kennenzulernen. Dass das auch für Frauen nicht so einfach ist, wie man oft meint, zeigen die Zigtausenden weiblichen Mitglieder bei Partnervermittlungsinstituten oder Online-Partnervermittlungen.

Sie meinen, Sie seien nicht attraktiv?

Dann geht es Ihnen so, wie einem großen Teil der Bevölkerung. Nur die wenigsten sehen gut aus und haben eine Vorzeigefigur. Die allermeisten Menschen bewegen sich optisch nur im „Mittelfeld“ und sehr viele, wenn nicht die sogar die meisten haben alles andere als eine Traumfigur. Und wenn Sie sich mal umschauen, werden Sie feststellen, dass sich unter den vielen Menschen, die bereits einen Partner gefunden haben, eine ganze Menge befinden, die kein bisschen besser (oder sogar noch viel weniger gut) aussehen als Sie!

Zum Glück für uns Männer ist es sogar so, dass Frauen oft wesentlich weniger Wert auf das Aussehen Ihrer Partner legen als Männer. Mit Charme, Humor und sympathischer Ausstrahlung können Sie also eventuelle optische Defizite problemlos ausgleichen!

Sie meinen, Sie seien zu schüchtern?

Das Gleiche meinen rund 55% aller Männer und über 40% aller Frauen. Sie sind also absolut keine Ausnahme und erst recht kein hoffnungsloser Fall. Denn gegen Schüchternheit kann man eine ganze Menge tun. Beherzigen Sie die Tipps, Tricks und Anleitungen in diesem Buch. Sie werden sich danach garantiert, sicherer, selbstbewusster und gar nicht mehr schüchtern fühlen!

Sie meinen, nicht „gut“ genug zu sein?

Es ist eine der typischen Belastungen von Menschen mit geringem Selbstbewusstsein, dass sie sich häufig anderen unterlegen oder einfach „nicht gut genug“ fühlen. Seien Sie versichert, dass Sie dieses Gefühl mit viele anderen (auch vielen Frauen) teilen.

Vertrauen Sie darauf, dass Ihr Gefühl Sie täuscht. Sie sind mit Sicherheit viel besser als Sie denken. Und wenn Sie meinen, dass „gut genug“ zu sein, bedeutet, viel Geld, eine schicke Wohnung oder ein tolles Auto zu besitzen, können Sie ganz beruhigt davon ausgehen, dass es eine Menge Frauen gibt, denen solche äußerlichen Werte nicht halb so wichtig sind, wie Sie vielleicht meinen.

Auch hier gilt: Mit Ehrlichkeit und einer sympathischen Ausstrahlung können Sie mehr punkten als jemand, der zwar einen Haufen Geld, aber menschlich nicht viel zu bieten hat.

Machen Sie sich also keine Sorgen. Der Volksmund hat nämlich vollkommen recht, wenn es heißt, dass „jeder Topf seinen Deckel“ findet. Das gilt für Sie genau wie für jeden anderen. Mithilfe der Tipps und Regeln aus diesem Ratgeber stehen Ihre Chancen mehr als gut, eine passende Partnerin zu finden, die darüber genauso glücklich sein wird, wie Sie selbst.

Sie haben Angst, einen „Korb“ zu bekommen?

Das ist schlicht und ergreifend völlig normal. Die allermeisten Männer fürchten nichts mehr, als bei einer Frau „abzublitzen“. Dabei ist einen

Korb zu bekommen, überhaupt nichts Schlimmes oder Peinliches.

Stellen Sie sich vor, Sie würden von einer Frau angesprochen, die einfach nicht Ihr Typ ist. Oder eine Frau spricht Sie an, Sie sind aber in einer festen Beziehung. Wahrscheinlich fänden Sie das gar nicht peinlich oder unangenehm. Ganz im Gegenteil: Sie würden sich geschmeichelt fühlen. Zeigt es doch, dass Sie vom anderen Geschlecht als attraktiv und sympathisch wahrgenommen werden. Nicht anders ergeht es einer Frau, von der Sie einen Korb bekommen. Es ist dann zwar schade, dass es nicht funktioniert hat, peinlich muss Ihnen das aber in keiner Weise sein!

Sie müssen also absolut keine Angst davor haben, eine Frau anzusprechen oder einen Flirt zu beginnen. Im besten Fall sind Sie damit erfolgreich. Im schlechtesten eben nicht. Na und?

Hinzu kommt, dass Sie mit jedem neuen Anlauf mehr Übung und Sicherheit gewinnen. So ist also auch ein erfolglos endender Flirtversuch nie völlig vergebens, sondern bringt Ihnen vielleicht die Sicherheit, die beim nächsten Mal zum Erfolg führt.

Bleiben Sie also ganz entspannt. Einen (neuen) Partner zu suchen ist das Normalste der Welt und mit den Tipps aus diesem Buch werden auch Sie dabei garantiert erfolgreich sein!

Vergessen Sie alle Baggersprüche!

Auch wenn man meinen sollte, dass sich das bereits bis in den letzten Winkel der Republik herumgesprochen haben sollte: Viele frustrierte Männer handeln sich täglich Männer eine Abfuhr ein, weil sie diese einfache Grundregel nicht kennen, oder zumindest nicht beherzigen.

Eine Ursache dafür sind neben nicht „totzukriegenden Anmachtipps", die unter Männern ausgetauscht werden, auch manche Webseiten, auf denen selbst noch die dümmsten Anmachsprüche als „Flirttipps" oder „Eisbrecher" präsentiert werden. Es gibt kaum ein anderes Mittel, das so gut dazu geeignet ist, die erste Kontaktaufnahme „in den Sand zu setzen“, wie das Anbringen eines typischen, auswendig gelernten Anbaggerspruchs.

Hier einige Beispiele dafür, was Sie auf keinen Fall sagen dürfen:

- *~~„Bist du genauso nett, wie du aussiehst?“~~*
- *~~„Ich frage mich, wie unsere Kinder wohl aussehen würden.“~~*
- *~~„Ich habe gehört, dass Küssen Kalorien verbrennt. Willst du mir beim Abnehmen helfen?“~~*
- *~~„Ich komme vom ADAC. Ich möchte dich abschleppen.“~~*
- *~~„Glaubst du an die Liebe auf den ersten Blick? Oder soll ich noch einmal an dir vorbei gehen?“~~*
- *„ ~~Wie fühlt man sich als die schönste Frau auf diesem Planeten?“~~*
- *~~„Du bist der Grund, warum Männer sich verlieben.“~~*
- *~~„Ich glaube, ich bin im Himmel. Du musst ein Engel sein!~~*
- *~~„Wie fühlt man sich, wenn man die schönste Frau im Raum ist?“~~*

Mal ehrlich: Dagegen wirkt die Aufforderung „Hey Baby, sag mir die Zahlen von 1 - 9!“ von Graf Zahl aus der Sesamstraße geradezu wie die hohe Kunst der Verführung ;-)

Verzichten möchte ich an dieser Stelle auf alle Beispiele von Sprüchen sexuell anzüglicher Art. Wer glaubt, mit so einem Spruch bei einer Frau landen zu können, dem ist wirklich nicht zu helfen! Und ganz abgesehen davon: Wollen Sie wirklich eine Frau kennenlernen, die auf so einen Spruch reinfällt?

Bagger- Anmach- oder Flirtsprüche sind nicht nur deshalb ungeeignet, weil sie nicht besonders geistreich sind. Was Frauen daran noch mehr stört, ist die Tatsache, dass sie sich als individuelle Person nicht ernst genommen fühlen. Ein typischer Anmachspruch erweckt den Eindruck, dass Sie sich noch nicht einmal so viel Mühe machen, sich selbst etwas auszudenken. Die angesprochene Frau bekommt dadurch zwangsläufig den Eindruck, nur eine unter vielen zu sein, bei denen Sie diesen auswendig gelernten Spruch ausprobieren.

Frauen reagieren darauf bestenfalls gelangweilt oder belustigt, oft aber auch genervt und sauer. In keinem Fall erreichen Sie damit den gewünschten Effekt von Aufmerksamkeit oder gar Zuneigung.

Erfolgschancen: 0%

Haben Sie keine Angst!

Fast alle Menschen haben Angst davor, einen Fremden anzusprechen, sich dabei vielleicht zu blamieren, oder sich auch einfach nur eine „Abfuhr" einzuhandeln. So gut wie jeder möchte lieber angesprochen werden, als selbst aktiv werden zu müssen. Frauen haben dabei einige Vorteile gegenüber uns Männern.

Aufgrund von nach wie vor eindeutig verteilten Geschlechterrollen wird in der Regel von uns Männern erwartet, dass wir den aktiven Part übernehmen und Frauen ansprechen, wenn wir auf der Suche nach einer Partnerin sind. Zwar gibt es auch einige wenige emanzipierte Frauen, die kein Problem damit haben, einen Mann, der ihnen gefällt, anzusprechen. Die Regel ist das aber nicht.

Und darauf zu warten, dass uns selbst so etwas passiert, ist ein ziemlich hoffnungsloses Unterfangen. Uns Männern bleibt also nichts anderes übrig, als unsere Ängste zu überwinden, wenn wir bei der Partnersuche erfolgreich sein wollen.

Die folgenden Gedanken können Ihnen dabei helfen:

1. Unsicherheit gehört zum Kennenlernen und Flirten einfach dazu. Sie macht ja gerade einen Teil des Reizes aus. Wüsste man schon vorher, wie es ausgeht, wäre das Flirten eine ziemlich langweilige Angelegenheit. **Flirten ohne Risiko gibt es nicht!**
2. Die meisten Frauen fühlen sich geschmeichelt, wenn sie auf höfliche Art und Weise von einem Mann angesprochen werden. Wenn sich dann herausstellt, dass aus einem Kennenlernen nichts wird, weil die Frau bereits vergeben ist, oder Sie einfach nicht ihr Typ sind, muss Ihnen das also nicht peinlich sein. Betrachten Sie es einfach als Kompliment, das Sie einer Frau gemacht haben, die Ihnen positiv aufgefallen ist.
3. Ohne ein Risiko einzugehen, haben Sie so gut wie keine Chance, eine Frau kennenzulernen. Das trifft auf alle Männer zu, die auf der Suche nach einer Partnerin sind. Sie sind mit diesem Problem nicht alleine. Ganz im Gegenteil: Jeden Tag versuchen Hunderttausende von Männern, Frauen anzusprechen oder mit ihnen zu flirten. Wenn alle aufgeben würden, die bereits einmal eine Abfuhr erhalten haben, wäre die Menschheit bereits lange ausgestorben.
4. Ihrer Flirtpartnerin ergeht es nicht anders. Sie hat in der Regel die gleichen Ängste vor Ablehnung und Misserfolg. Betrachten Sie es als Teil Ihrer Flirtaufgabe, Ihrer Flirtpartnerin diese Ängste so weit wie möglich zu nehmen und ihr ein Gefühl von Sicherheit zu vermitteln.

Wenn Ihnen das gelingt, sind Sie Ihrem Ziel schon ein gutes Stück nähergekommen.

Es ist gar nicht peinlich, einen Korb zu bekommen

Betrachten Sie es nicht als persönliche Schmach, wenn ein Flirt für Sie negativ endet oder auch einfach „im Sande verläuft". Es ist eben keine Selbstverständlichkeit, dass die Frau, die Sie bewundern, auch ähnliche Gefühle für Sie hat. Es ist schlicht und einfach völlig normal, dass Flirtversuche häufiger scheitern als zum Erfolg führen. Wenn es nicht klappt, müssen Sie die „Schuld" weder bei sich noch bei Ihrer Flirtpartnerin suchen.

Es ist einfach eine Tatsache, dass nicht alle Menschen zusammenpassen und dass es nicht die Regel ist, dass zwei Menschen aufeinandertreffen, die sich gut verstehen oder sich vielleicht sogar ineinander verlieben.

Jeder Fehlschlag ist auch ein Erfolg:

Betrachten Sie auch einen Flirt, der nicht zu einem positiven Ergebnis führt, als Erfolg für sich.

- ☺ Sie haben sich getraut, jemanden anzusprechen.
- ☺ Sie haben „trainiert", sich gegenüber einer Frau positiv zu präsentieren.
- ☺ Sie haben Erfahrung gesammelt.
- ☺ Sie haben gelernt, was Sie beim nächsten Mal besser machen können.

Ein erfolgloser Flirtversuch ist eine kostenlose Trainingseinheit!

Je mehr Übung und Routine Sie haben, desto selbstsicherer, entspannter und natürlicher können Sie zukünftig Frauen gegenüber auftreten. Betrachten Sie einen Fehlschlag als einen (notwendigen) Schritt auf dem Weg zum Erfolg. Jeder Flirt hilft Ihnen dabei, ganz unabhängig davon, ob er erfolgreich verläuft oder nicht.

Übung macht den Meister

Gerade wenn Sie ein zurückhaltender oder schüchterner Mensch sind, hilft es, das Ansprechen fremder Menschen zu üben.

Starten Sie mit ganz einfachen Übungen. Sprechen Sie Leute an der Bahnhaltestelle, im Zug oder in einer Buchhandlung an. Beginnen Sie mit ganz einfachen Fragen an „unverdächtige“ Passanten, an denen Sie keinerlei Flirt-Interesse haben.

> *„Entschuldigung, können Sie mir bitte sagen, wie spät es ist?“*
>
> *„Wissen Sie, ob hier der Zug nach XY abfährt?“*
>
> *„Ich sehe, dass Sie ein Buch von XY in der Hand haben. Haben Sie schon einmal etwas von diesem Autoren gelesen? Können Sie den empfehlen?“*
>
> *„Können Sie mir sagen, wie ich zur XY-Straße komme?“*

Es ist nicht wichtig, dass es sich um besonders intelligente oder originelle Fragen handelt. Es geht nur darum, dass Sie Routine darin bekommen, fremde Menschen anzusprechen. Es spielt auch keine Rolle, ob sich dabei ein Gespräch entwickelt, oder ob Sie nur eine knappe Antwort erhalten.

Wichtig ist nur, dass Sie möglichst viel Übung bekommen. Jedes Mal, wenn Sie eine fremde Person ansprechen, wird es Ihnen ein wenig leichter fallen. Irgendwann kennen Sie auch alle typischen Reaktionen und haben sich ein brauchbares Repertoire an Floskeln erarbeitet, das Ihnen viel Sicherheit gibt.

Unterschätzen Sie diese Art des Trainings nicht. Auch wenn es Ihnen anfangs vielleicht nicht ganz leicht fällt, völlig Fremde anzusprechen, ist diese Methode mehr als lohnend und immer erfolgreich. Im Laufe der Zeit können Sie Schritt für Schritt den Schwierigkeitsgrad erhöhen. Es macht zum Beispiel sehr viel Sinn, zum Üben erst einmal solche Frauen anzusprechen, an denen Sie überhaupt nicht interessiert sind. Sie werden sehen, dass Sie dabei viel entspannter sind, als wenn Sie sofort mit Ihrer „Traumfrau“ beginnen.

Zitat

„Ich redete den ganzen Tag. Und wie bei allem Übrigen: Wenn man etwas oft genug macht, hat man es schließlich drauf.“

(Lee Iacocca, amerikanischer Topmanager, 1979-92 Vorstandsvorsitzender der Chrysler Corporation)

THEORIE - BODY & SOUL

In diesem Kapitel erfahren Sie, alles, was Sie wissen müssen, um bei Frauen den Eindruck zu machen, den Sie sich wünschen. Von der richtigen Körpersprache über die optimale innere Einstellung bis zu psychologischen Tricks finden Sie hier Anleitungen zu allen wichtigen Aspekten des Flirtens.

Wunderwaffe: Lächeln

Lächeln ist bei der Partnersuche und beim Flirten die „Wunderwaffe“ schlechthin. Es gibt wahrscheinlich kaum ein anderes Mittel, das so einfach einzusetzen und immer so erfolgreich ist, wie das Lächeln.

Studien zeigen: Menschen, die häufig lächeln, wirken auch körperlich attraktiver.

Das konnte in vielen Untersuchungen nachgewiesen werden. Versuchspersonen, denen Fotos von Menschen vorgelegt wurden, die lächeln, beurteilten deren Attraktivität deutlich höher als Vergleichsgruppen, die Fotos derselben Menschen mit einem neutralen Gesichtsausdruck beurteilten. Selbst weniger gut aussehende, aber lächelnde Männer und Frauen wurden in dem Test als genauso attraktiv beurteilt, wie die objektiv schönen Menschen. Sie können also Ihre eigene Attraktivität ganz einfach selbst verbessern, indem Sie häufiger ein Lächeln aufsetzen.

Tipp: Lächeln verbessert die Stimmung und macht optimistisch!

In verschiedenen Studien konnte gezeigt werden, dass Lächeln nicht nur auf andere Menschen attraktiv und sympathisch wirkt, sondern auch die eigene Stimmung messbar verbessert. Dabei hilft sogar das sogenannte „Innere Lächeln", wie es zum Beispiel im chinesischen Qi Gong eine wichtige Rolle spielt. Nach dieser Lehre entspannt Lächeln nicht nur, sondern harmonisiert auch den inneren Energiefluss.

Mit einem Lächeln schlagen Sie also sozusagen „mehrere Fliegen mit einer Klappe". Sie wirken attraktiver, versetzen sich selbst in eine positive Stimmung und verbessern Ihr inneres Gleichgewicht. All das trägt auch wesentlich dazu bei, dass Sie auf Frauen anziehend und sympathisch wirken!

Lächeln ist ein optimaler Einstieg für einen Flirt

Ein Lächeln ist immer und überall möglich und eröffnet viele Möglichkeiten für einen Flirt oder ein Kennenlernen. Wenn Sie mit einem Lächeln durch die Welt gehen, ziehen Sie automatisch die Blicke von Frauen auf sich. Sie wirken freundlich und laden zu einer Kontaktaufnahme ein, ohne aufdringlich zu wirken. Männer, die eine Frau mit einem Lächeln ansprechen, sind deutlich häufiger erfolgreich als solche, die neutral oder sogar missmutig dreinschauen.

Dazu ist ein Lächeln absolut unverbindlich. Eine Frau, die Sie anlächeln, kann zurücklächeln oder es bleiben lassen, ohne dass eine peinliche Situation entsteht.

Körpersprache geschickt einsetzen

Körpersprache, also die Art und Weise, wie wir uns bewegen, wie wir stehen, sitzen oder welche Miene wir aufsetzen, ist ein ganz wesentlicher

Bestandteil der Kommunikation mit anderen Menschen.

Unsere Gedanken und Einstellungen werden durch unsere Körpersprache für andere sichtbar, ohne dass wir ein Wort sagen müssen. Man spricht deshalb auch von „nonverbaler Kommunikation“.

Der amerikanische Psychologe, Albert Mehribian, beschreibt in seinem Buch „Silent messages“, dass weit mehr als 50 % des Inhaltes einer Kommunikation ausschließlich durch Gestik und Mimik transportiert werden.

Andere Experten gehen gar von einem Anteil von 80 % aus. Der bekannte Pantomime und Experte für Körpersprache, Samy Molcho, meint dazu: „Worte können lügen, der Körper aber nicht!“ Es ist also äußerst wichtig, sich der eigenen Körperhaltung bewusst zu sein, damit man beim Flirten die richtigen Signale aussendet. Die schönsten gedrechselten Worte nützen nichts, wenn der eigene Körper etwas ganz anderes ausdrückt.

So wirken Sie positiv und selbstbewusst:

+ Gerade und aufrecht stehen

+ Kopf hoch

+ Schultern entspannt

+ Brust raus (nicht übertreiben!)

+ Arme nicht vor dem Körper verschränken

+ Hände in einer offenen Position halten

+ Freundlich gucken

+ Lächeln!

+ Drehen Sie Ihren Körper zu Ihrer Flirt-Partnerin (Hinwendung)
Tipp: Ein bisschen schräg ist oft besser!

Eine starre, gerade Kopfhaltung lässt Sie unbeweglich, unflexibel und dominant erscheinen. Schon eine kleine Korrektur, bei der Sie den Kopf ein wenig schief legen, kann diesen Eindruck in einen positiven verwandeln. Eine leicht schräge Kopfhaltung vermittelt den Eindruck von Offenheit und Flexibilität. Sie erwecken dadurch den Eindruck von Interesse, was bei Ihrer Flirt-Partnerin immer gut ankommt.

Flirten ist kein Betteln!

Es ist wichtig, sich das immer wieder klar zu machen. Sie kommen nicht als Bittsteller, der sich durch eine unterwürfige Haltung der Gnade der Angebeteten ausliefert.

Sie sollten also auch durch Ihre Körpersprache zeigen, dass Sie selbstbewusst auf eine Frau zugehen und Kontakt zu ihr aufnehmen können. Keine Frau möchte einen Mann kennenlernen, der schon durch seine Körperhaltung ausdrückt, dass er sich ihr unterlegen oder sich ihrer nicht würdig fühlt.

Die richtige Körperhaltung macht selbstsicher

Überprüfen Sie kurz Ihre Körperhaltung, während Sie diese Zeilen lesen. Sitzen Sie aufrecht, oder eher zusammengesunken? Ist Ihre Wirbelsäule gerade oder vornüber gekrümmt? Was ist mit Ihren Schultern? Sind sie entspannt oder nach vorne gezogen?

Wie auch immer Ihre Körperhaltung in diesem Moment ist, sie beeinflusst zu einem erheblichen Teil, Ihr Selbstbewusstsein und Art und die Weise, wie Sie auf Frauen wirken. Das geschieht ganz unbewusst, sodass wir in der Regel nichts davon bemerken. Mehrere groß angelegte Untersuchungen haben das bewiesen. Die Körperhaltung, das Selbstbewusstsein, und wie attraktiv wir auf andere wirken, sind eng miteinander verbunden. Und die Verbindung wirkt nicht nur in eine Richtung!

Es ist nicht ausschließlich so, dass selbstbewusste und attraktive Menschen eine besonders aufrechte Körperhaltung einnehmen. Nein, auch der umgekehrte Fall trifft zu. Menschen, die eine aufrechte Körperhaltung einnehmen, fühlen sich danach selbstbewusster und wirken attraktiver!

Wir haben hier also ein ganz einfaches Mittel an der Hand, das Ihnen hilft, Ihre Wirkung auf Frauen mit geringstem Aufwand und innerhalb kürzester Zeit messbar zu verbessern.

Das wussten schon unsere Mütter:

Nicht umsonst wurden wir als Kinder und Jugendliche immer wieder dazu aufgefordert „gerade" zu sitzen. Psychologische Studien haben jetzt gezeigt, dass wir uns beim aufrechten Sitzen und Stehen nicht nur selbstbewusster fühlen, sondern auch tatsächlich bessere Leistungen erbringen und eine insgesamt positivere Ausstrahlung haben als mit einer zusammengesunkenen Körperhaltung.

Trick - Aufrechte Körperhaltung

Um eine gute, aufrechte Körperhaltung einzunehmen, hilft folgender Trick. Stellen Sie sich vor, dass die höchste Stelle Ihres Kopfes an einem Band aufgehängt ist. Richten Sie Ihren Körper nun so auf, dass er sich möglichst in einer geraden Linie mit dem Band befindet. Halten Sie Ihren Körper und Ihren Kopf so, dass sie ganz leicht an dem Band hängen. Sie werden sehen, wie gut das funktioniert.

Liebe auf den ersten Blick - Blickkontakt

Fast jeder Flirt beginnt mit den Augen

Der erste Kontakt zu einem Menschen findet immer über die Augen statt. Das gilt umso mehr beim Flirten. Oft haben Sie gar keine andere Chance, zu einer Frau Kontakt aufzunehmen, als ihr durch Blickkontakt zu zeigen, dass Sie interessiert sind. Das funktioniert überall da besonders gut, wo Sie (noch) keine Gelegenheit haben, die Frau direkt anzusprechen.

Ganz gleich ob in der Bahn, im Kaufhaus oder über mehrere Tische hinweg im Café oder Restaurant: Wenn Sie eine Frau entdecken, die Ihnen gefällt, ist Blickkontakt das Mittel der Wahl. Sie zeigen der Frau damit nicht nur, dass Sie an ihr interessiert sind, sondern können auch sofort erfahren, ob Ihr Interesse auf Gegenseitigkeit beruht oder nicht.

Hält die Frau den Blickkontakt aufrecht, stehen Ihre Chancen nicht schlecht. Schaut sie sofort weg oder weicht Ihrem Blick aus, können Sie davon ausgehen, dass nichts läuft. Unterbrechen Sie den Blickkontakt deshalb nach einiger Zeit und versuchen Sie es wenig später noch einmal. Spätestens, wenn Ihr Blick auch diesmal erwidert wird, sollten Sie den nächsten Schritt wagen und die Frau ansprechen.

„Schau mir in die Augen Kleines."

Die Art und Weise, wie Sie selbst mit einem Blickkontakt umgehen, verrät übrigens jeder Frau eine ganze Menge über Sie.

So strahlt ein ruhiger Blickkontakt Souveränität und Selbstbewusstsein aus. Dem Blickkontakt auszuweichen, erzeugt hingegen einen Eindruck von Unsicherheit und mangelnder Glaubwürdigkeit. Aus diesem Grunde sollten Sie üben, dem Blickkontakt mit anderen Menschen generell und beim insbesondere beim Flirten, standzuhalten.

Das ist nicht immer ganz einfach, mit ein bisschen Übung kann man es aber lernen. Bleiben Sie auf jeden Fall am Ball, auch wenn es anfangs vielleicht ein wenig anstrengend ist.

Die Fähigkeit, souverän dem Blickkontakt mit einer Frau standzuhalten, ist für erfolgreiches Flirten unerlässlich!

Übrigens spielt der Blickkontakt nicht nur zum Beginn eines Flirts eine wichtige Rolle. Auch beim ersten Date und generell im Gespräch mit Ihrer Flirt-Partnerin, sollten Sie immer wieder den Blickkontakt zu ihr suchen.

Sie signalisieren auf diese Weise, dass Sie aufmerksam bei der Sache sind und Ihre Aufmerksamkeit voll und ganz auf die Frau richten. Beides wirkt sowohl sympathisch als auch intelligent und wach. Suchen Sie auch dann immer wieder den Blickkontakt, wenn Sie selbst sprechen. Nur so können Sie sofort feststellen, ob Ihre Gesprächspartnerin noch bei der Sache ist, oder ob Sie sie womöglich mit Ihrem Lieblingsthema langweilen.

Ein spannendes Experiment:

Wie wichtig der Blickkontakt ist, zeigt auch ein bereits vor einigen Jahren durchgeführtes psychologisches Experiment, das die Erfolgsautoren, Barbara und Allan Pease, durchführten. In einer Partnervermittlungsagentur wurden Partnersuchende per Zufall zusammengeführt. Die Paare hatte jeweils ca. eine Stunde Zeit, in einem Interview ihren Blind Date Partner kennenzulernen.

Die Partnersuchenden wurden in zwei Gruppen aufgeteilt. Den Teilnehmern der ersten Gruppe teilte man mit, dass ihr jeweiliges Blind Date in der Kindheit eine Augenverletzung erlitten habe, die es verhindere, dass das verletzte Auge korrekt fokussieren könne. Man wisse aber nicht, welches von beiden Augen betroffen sei. Die zweite Gruppe bekam diese Information nicht.

Nach Abschluss der Interviews wurde verglichen, wie hoch die Bereitschaft der Teilnehmer war, ihren Interviewpartner bei einem zweiten Date zu treffen. Man stellte fest, dass dies bei den Teilnehmern der ersten Gruppe (die mit der falschen Information über das verletzte Auge) doppelt so häufig der Fall war, wie bei der zweiten Gruppe. Als Ursache konnte man eindeutig den intensiveren und häufigeren Blickkontakt der Interviewpartner ausmachen, der zustande kam, weil die Teilnehmer bewusst oder unbewusst versuchten, herauszufinden, welches Auge Ihres Gegenübers betroffen war.

Sie sehen also, dass allein ein intensiver und häufiger Blickkontakt bereits einen deutlich positiven Effekt darauf hat, wie Ihre Flirtpartnerin Sie wahrnimmt. Ja, man kann ohne zu übertreiben behaupten, dass Sie durch den richtigen Blickkontakt aktiv beeinflussen können, wie sympathisch Sie auf eine Frau wirken.

Vorsicht: Nicht übertreiben!

Wie bei allen Flirtregeln gilt auch beim Thema Blickkontakt, dass man es nicht übertreiben sollte. Wenn Sie Ihre Flirtpartnerin fokussieren und womöglich anstarren, wirkt das nicht nur seltsam, sondern unter Umständen auch bedrohlich.

Vorsicht: Multikulti

Wie bei fast allen Körpersignalen gibt es auch beim Blickkontakt große kulturelle Unterschiede. Während die Kontaktaufnahme über Blicke bei uns, in Westeuropa, völlig normal ist, gibt es zum Beispiel einige asiatische Länder, in denen es als äußerst unhöflich gilt, einer fremden Person intensiv in die Augen zu schauen. Wie immer in solchen Fällen gilt: Informieren Sie sich über die besonderen Gepflogenheiten bevor Sie ein fremdes Land bereisen.

Trick: Verliebte Blicke

Der amerikanische Psychologe, Zick Rubin, fand heraus, dass sich verliebte Paare in Gesprächen häufiger und länger anschauten, als Gesprächspartner, die nicht ineinander verliebt waren.

Wie schon in dem Experiment von Barbara und Allan Pease gezeigt, funktioniert dieser Effekt auch ebenfalls auch umgekehrt. Wenn Sie Ihre Gesprächspartnerin also häufig anschauen, steigern Sie die Chance, dass sich diese in Sie verliebt!

Seien Sie mutig!

Trauen Sie sich, im Alltag Blickkontakt mit Frauen zu suchen, die Ihnen sympathisch sind. Es lohnt sich: Die Erfolgsquote ist hoch und ganz ohne das Flirten mit den Augen stehen Ihre Chancen sehr schlecht, eine sympathische Partnerin zu finden.

Stehen Sie zu sich selbst!

Zu sich selbst zu stehen und sich selbst mit allen Vorzügen und Fehlern zu akzeptieren, ist eine absolut wichtige Grundvoraussetzung für eine erfolgreiche Partnersuche.

Denn: Wie soll Ihre zukünftige Partnerin, Freundin oder Ehefrau auf die Idee kommen, dass Sie genau der Richtige für sie sind, wenn Sie selbst davon nicht völlig überzeugt sind? Frauen sind in der Regel auf der Suche nach Zuverlässigkeit und Charakterstärke. Zeigen Sie beim Flirten, dass Sie über beides verfügen.

Um das glaubwürdig „rüberzubringen", sollten Sie sich möglichst als jemand präsentieren, der weiß, was er will, und nicht wie jemand, der vor lauter Selbstzweifeln noch nicht einmal weiß, ob er sich selbst mag, oder nicht.

Sie müssen nicht perfekt sein!

Es gibt kaum etwas Langweiligeres als Perfektionismus. Ganz ehrlich: Wer möchte denn schon wirklich mit einem „perfekten" Menschen zusammenleben oder auch nur befreundet sein?

Es gibt eigentlich nur noch eine Sorte von Menschen, die noch unangenehmer sind. Und das sind diejenigen, die so tun als seien sie perfekt, obwohl sie im Grunde genauso viele oder noch mehr Fehler und Laster haben, als jeder andere. Man bezeichnet solche Zeitgenossen auch als „scheinheilig", womit eigentlich schon alles gesagt ist.

Stehen Sie zu sich selbst und auch zu Ihren Fehlern und Unzulänglichkeiten. Klar können Sie immer daran arbeiten, Dinge, die Sie selbst nerven, zu verbessern. Letztendlich sind und bleiben Sie aber ein Mensch und Menschen sind nun einmal nicht perfekt!

Wichtig ist allerdings, dass Sie die gleiche Toleranz auch für Ihre (Flirt-) Partnerin gelten lassen. Es gibt nur wenige Dinge, die besser als Flirtkiller funktionieren, als am anderen herumzukritisieren.

Keine falsche Bescheidenheit!

Um es mit Wilhelm Busch zu sagen:

> *„Bescheidenheit ist eine Zier. Doch weiter kommt man ohne ihr ...“*

Es macht sicher keinen guten Eindruck, wenn Sie mit Ihren Leistungen oder Eigenschaften prahlen. Genauso falsch wäre es aber, bei einem Rendezvous Ihr Licht unter den Scheffel zu stellen.

> **Ein Verkäufer, der die positiven Eigenschaften seiner Waren verschweigt, wird nicht besonders erfolgreich sein!**

Bedenken Sie, dass Ihre Flirtpartnerin Sie noch nicht kennt und vielleicht auch schon schlechte Erfahrungen gemacht hat. Sie will also wissen, was sie von Ihnen zu erwarten hat. An dieser Stelle sollten Sie klipp und klar angeben können, mit welchen positiven Eigenschaften Ihre potenzielle Partnerin rechnen kann.

In dieser Hinsicht ähnelt ein erstes Rendezvous immer auch ein wenig einem Bewerbungsgespräch. Genau wie einen Personaler müssen Sie auch Ihr Date davon überzeugen, dass Sie der richtige für den „Job“ sind.

Was Frauen beeindruckt:

- Berufliche Leistungen

Wenn Sie einen guten Job haben, Karriere gemacht haben, oder gerade dabei sind, dürfen Sie das ruhig erwähnen. Für Frauen ist es nicht unwichtig, dass ein Partner finanziell „auf eigenen Füßen steht", oder einen sicheren Job hat. Außerdem zeigt beruflicher Erfolg auch, dass Sie Ehrgeiz haben und leistungsfähig sind.

- Sportliche Leistungen

Sportliche Menschen sind in der Regel attraktiver und gesünder als Couch Potatoes. Darüber hinaus zeigen Sportler, dass sie über eine gewisse Portion Ehrgeiz und Durchhaltevermögen verfügen.

- Besondere Fähigkeiten

Ganz gleich, ob Sie Klavier spielen können oder 5 Sprachen sprechen. Besondere Fähigkeiten machen sie interessant. Frauen mögen das.

- Gute Freunde haben

Wenn Sie einen Kreis von guten Freunden haben, zeigt das dass Sie sozial kompatibel und kompetent sind. Für eine Frau, die Sie noch nicht kennt, wichtige Eigenschaften.

Sonderfall: Kinder

Die meisten Menschen sind zu Recht stolz auf Ihre Kinder, oder auch darauf, diese erfolgreich großgezogen zu haben. Allerdings erinnern Kinder auch immer daran, dass derjenige in der Vergangenheit bereits eine gescheiterte Beziehung hinter sich hat (Ausnahme natürlich, wenn die Mutter der Kinder verstorben ist). Problemlos ist das, wenn sich die Frau in einer ähnlichen Situation befindet. Wenn nicht, sollten Sie das Kinder-Thema für ein späteres Date aufsparen.

Seien Sie stolz auf das, was Sie geleistet haben und auf das, was Sie können, ohne damit anzugeben.

Keine Unterwürfigkeit und Selbstabwertung!

Manche Männer meinen, bei Frauen einen besonders guten Eindruck zu machen, wenn sie sich möglichst angepasst, unterwürfig und „zahm" verhalten. Abgesehen davon, dass das nur die allerwenigsten Frauen als positiv oder sympathisch empfinden: Mit einer Frau, bei der ein solches Verhalten notwendig ist, damit sie Sie akzeptiert, werden Sie niemals glücklich!

Vermeiden Sie jede Form der Selbstabwertung!

Vermeiden Sie auch jede Form der Selbstabwertung. Insbesondere bescheidene oder wenig selbstbewusste Männer (und Frauen) neigen dazu, sich selbst oder die eigenen Leistungen ständig verbal abzuwerten.

Bedenken Sie immer, dass Ihre Rendezvous-Partnerin Sie noch nicht (gut) kennt und etwaige negative Äußerungen für bare Münze nimmt.

Vermeiden Sie in jedem Fall solche oder ähnliche Äußerungen:

- ~~*„Das ist wieder mal typisch für mich ...“*~~
- ~~*„Ich bin wirklich ein Idiot!“*~~
- ~~*„Klar, wer will schon so einen wie mich?“*~~
- ~~*„Ich kriege aber auch gar nichts richtig hin.“*~~
- ~~*„Da habe ich ja mal wieder blöd angestellt ...“*~~

Eine Falle, in die erstaunlich viele Männer tappen, besteht darin, sich negativ über „typisch“ männliche Eigenschaften und Verhaltensweisen zu äußern.

Dahinter steckt der Wunsch, sich mit der Flirtpartnerin zu verbünden und ihr gleichzeitig zu beweisen, dass man selbst eben gerade nicht so ist. Diese Methode kann sogar manchmal funktionieren, ist aber nicht ungefährlich. Ein Mann, der seine Artgenossen und damit sich selbst auf diese Weise „schlecht macht“, wirkt nicht auf alle Frauen sympathisch. Er kann auch leicht als „Weichei“ oder als typischer „Womanizer“ eingestuft werden.

Grundsätzlich gilt: Vermeiden Sie jede Art von Unterwürfigkeit und Selbstabwertung. Versuchen Sie nicht, die Sympathien der Frau zu erwecken, indem Sie schlecht über sich selbst, andere Männer oder Männer im Allgemeinen reden. Es ist generell keine gute Grundlage, wenn Sie sich in irgendeiner Form verstellen oder verbiegen müssen, um einer Frau zu gefallen!

Kleider machen Leute!

Ihre Kleidung ist neben der Körpersprache das Erste, das eine potenzielle Partnerin an Ihnen wahrnimmt. Es muss also absolut selbstverständlich sein, dass Ihre Kleidung in einem tipptopp Zustand ist. Insbesondere ist Sauberkeit bei der Kleidung ein absolutes Muss!

Wenn Sie auf der Suche nach einer Partnerin sind, müssen Sie sich in jedem Fall gut kleiden. Nur so können Sie überzeugend und selbstsicher auftreten. Dabei geht es weniger darum, die Frauen mit teuren Klamotten zu beeindrucken. Wichtiger ist, dass Ihre Kleidung sauber und gepflegt ist und, dass Sie sich in Ihrer Kleidung gut fühlen!

Was oft vergessen wird:

- Brille

Sofern Sie Brillenträger sind, gehört auch die Brille zu Ihrer Kleidung.

Das heißt, Sie sollten also zumindest ein halbwegs modernes und zu Ihrem Typ passendes Gestell tragen. Einzige Ausnahme: Wenn Sie als Computer-Nerd auftreten wollen, tut es auch ein Kassengestell aus dem letzten Jahrhundert. Empfehlen würde ich Ihnen das aber nicht. Die Zahl der Frauen, die auf Nerds stehen, ist - sagen wir mal - überschaubar.

Ach ja, auch eine Brille kann sauber und gepflegt oder schmutzig und ungepflegt aussehen. Vergessen Sie also nicht, die Brille regelmäßig zu reinigen (nicht nur die Gläser). Jeder Optiker tauscht Ihnen auch gerne die grün vermoosten Kunststoffstege Ihrer Brille gegen neue und weniger unappetitliche aus.

- Keine ausgebeulten Taschen

Männer stecken in Ermangelung einer Handtasche gerne alle Utensilien, die sie unterwegs benötigen, in die Jacken- oder Hosentasche. Die Folge: Die Taschen leiern aus und sehen selbst im leeren Zustand ausgebeult und unansehnlich aus.

Besser: Alles, was die Taschen ausbeult, also Portemonnaie, Brieftasche, Schlüssel, Handy, Kleingeld usw. in einem Rucksack oder einer Umhängetasche unterbringen. Es gibt auch für Männer sehr schöne Taschen, die gar nicht nach Damenhandtasche aussehen.

- Kein ausgebeultes Portemonnaie

Für das Portemonnaie gilt das gleiche wie für die Taschen.

Sortieren Sie regelmäßig Kleingeld, Einkaufszettel, Quittungen und was sich noch so alles in einem Portemonnaie ansammelt, aus. Ist das Portemonnaie einmal völlig ausgebeult, kann man es in der Regel auch nicht mehr retten. Sie sollten dann darüber nachdenken, sich ein Neues zu gönnen.

- Gute und saubere Schuhe

Nicht selten überraschen ansonsten perfekt gekleidete Männer dadurch, dass sie zu ihren schicken Klamotten völlig ausgelatschte und/oder verschmutzte Schuhe tragen. Nicht selten passen die Schuhe auch farblich nicht zur Hose und den restlichen Kleidungsstücken. Was gar nicht geht, sind Sandalen. Sie sind, insbesondere in Verbindung mit Socken eine echte Modesünde!

- Gute und sauber Socken

Auch die Socken gehören zu oft vernachlässigten Kleidungsstücken. Dabei ist es hierbei im Grunde ganz einfach, alles richtig zu machen.

Merken Sie sich die folgenden Sockenregeln:

- Die Farbe der Socken muss zur Hose und zu den Schuhen passen
- Die Socken müssen sauber sein. (Täglich wechseln!)
- Die Socken müssen so lang sein, dass Ihre Beine bei normaler Sitzhaltung nicht zu sehen sind.
- Die Socken dürfen auf keinen Fall Löcher haben!!!

Gut kleiden, aber nicht VERkleiden!

Versuchen Sie nicht mit Hilfe von Klamotten, die Sie sonst nie tragen würden, einen Eindruck zu erwecken, der nichts mit Ihrer Persönlichkeit zu tun hat.

Zum einen werden Sie sich mit der für Sie ungewohnten Kleidung wahrscheinlich unwohl fühlen (wenn das nicht so wäre, würden Sie ja immer so herumlaufen), zum Anderen wirken Sie dadurch ganz anders, als Sie wirklich sind. Das kann aber bestenfalls beim ersten Kennenlernen funktionieren. Spätestens danach fällt unangenehm auf, dass Sie sich ganz anders präsentiert haben, als Sie tatsächlich sind.

Dazu kommt, dass eine Frau, die sich nur für Sie interessiert, weil Sie im teuren Hugo-Boss-Anzug zum Date erscheinen, sicher ganz anders „tickt" hat als Sie selbst. Zudem wird sie zum Beispiel erwarten, dass Sie auch beim nächsten und übernächsten Treffen wieder in edlen Klamotten erscheinen und natürlich auch, dass sowohl Ihr Auto als auch Ihre Wohnung und nicht zuletzt Ihr Einkommen entsprechend aussehen.

Sie sehen, das Verstellen und Verkleiden zieht so viele Probleme nach sich, dass es besser und unkomplizierter ist, es einfach zu lassen.

Tipp: Allzeit bereit

Kleiden Sie sich nicht nur dann gut, wenn vorhaben, eine Frau kennenzulernen oder wenn Sie eine Verabredung haben. Vergessen Sie nicht: Sie können Ihrer Traumfrau jederzeit und an jedem Ort begegnen, auch, wenn Sie am wenigsten damit rechnen. Kleiden Sie sich also möglichst immer so, als wenn Sie auf dem Weg zu einem Date wären. Sie wirken dadurch viel attraktiver und erhöhen damit Ihre Chancen, vielleicht ganz zufällig eine tolle Frau kennenzulernen.

So gepflegt beeindrucken Sie jede Frau

Es gibt nur wenige Dinge, auf die Frauen bei Männern allergischer reagieren als auf ein ungepflegtes Äußeres. Neben der Kleidung betrifft das vor allem die Körperpflege.

Natürlich ist Ihnen klar, dass Sie zu einem Date immer frisch geduscht erscheinen müssen. Der Geruch nach Schweiß, Nikotin, abgestandenem Bier oder Frittenfett ist ein absolutes No-Go, das jede Frau sofort in die Flucht schlägt! Beachten Sie aber auch, dass ein „Overkill“ mit Deo und Rasierwasser einen ähnlichen Effekt haben kann. Ein Deo, Duftwasser oder Rasierwasser sollte immer nur so stark aufgetragen werden, dass man es aus der Nähe so gerade eben wahrnehmen kann.

Achten Sie insbesondere auf diese Aspekte Ihrer Körperpflege:

- Haare

Die Haare müssen ordentlich geschnitten, insbesondere aber absolut frisch gewaschen sein. Fettiges oder strähniges Haar wirkt abstoßend.

- Bart

Falls Sie Bartträger sind, gilt das Gleiche, wie für die Haare. Auch ein Vollbart kann wild wuchernd oder sauber gestutzt sein. Wenn Sie keinen Bart tragen, ist eine ordentliche Rasur Pflicht. Auch ein 3-Tagebart kann gepflegt oder verwildert aussehen!

- Augenbrauen

Viele Männer meinen, dass die Pflege der Augenbrauen ausschließlich ein Frauenthema sei. Damit unterliegen sie allerdings einem Irrtum. Nicht wenige Männer haben einen so starken Wuchs der Augenbrauen, dass sie dadurch ein unfreiwillig wildes und manchmal unsympathisches Aussehen annehmen. Es ist in diesem Fall absolut nicht unmännlich, die überflüssigen Augenbrauenhaare zu zupfen und auszudünnen.

Das können Sie zum Beispiel ganz unproblematisch bei Ihrem nächsten Friseurbesuch mit erledigen lassen. Alternativ übernimmt das auch jede Kosmetikerin oder eine gute Freundin.

- Nasenhaare / Haare in und an den Ohren

Selbst wenn die Haare auf dem Kopf dünner werden oder gar ganz ausfallen: Bei den meisten Männern wachsen dennoch ein Leben lang Haare und Härchen an Stellen, wo man sie wirklich gar nicht brauchen kann. Sichtbare Nasenhaare müssen entfernt werden. Haare, die aus den Nasenlöchern herausragen, wirken äußerst ungepflegt.

Das Gleiche gilt für sämtliche Haare, die in und an den Ohren wachsen. Diese haben dort nichts zu suchen und müssen entfernt werden.

Es gibt für diesen Zweck eigens kleine Geräte, die batteriebetrieben, überflüssige Haare in Nase und Ohren ganz einfach entfernen.

- Fingernägel und Hände

Viele Untersuchungen zeigen: Frauen schauen bei Männern ganz besonders auf Hände und Finger. Die Hände müssen also absolut sauber und gepflegt sein. Das gilt auch für Handwerker oder Automechaniker, die bei der Arbeit zwangsläufig schmutzige Hände bekommen.

Mindestens genauso wichtig sind die Fingernägel. Bei einem Mann müssen diese akkurat, kurz geschnitten und absolut sauber sein.

- Zähne

Auch wenn es nicht zum Kuss kommt: Das Aussehen und der Zustand der Zähne sind ein wichtiger Attraktivitätsfaktor. Saubere und gepflegte Zähne sind ein Zeichen von Gesundheit und Gepflegtheit.

Nur mit einwandfreien Zähnen können Sie Frauen so offen und entspannt anlächeln, dass Sie dabei einen guten Eindruck hinterlassen.

- Mundgeruch

Ein klassisches KO-Kriterium. Wenn Sie zu einem Date mit Mundgeruch erscheinen, können Sie getrost sofort wieder nach Hause gehen. Dabei ist es in meisten Fällen ganz einfach, unangenehme Gerüche aus dem Mund zu vermeiden oder loszuwerden. Eine elementare Regel dabei ist es, am Tag vor der Verabredung weder Knoblauch, noch Zwiebeln oder besonders scharfe Gerichte zu verzehren.

Dazu kommen natürlich das sorgfältige Putzen der Zähne, wobei auch die Zunge mit der Zahnbürste (oder einem speziellen Zungenspatel) gesäubert wird, und die Verwendung eines Mundwassers. Für unterwegs sollten Sie immer ein paar Pfefferminzbonbons o. ä. in der Tasche haben. Mundgeruch, der durch gesundheitliche Probleme, zum Beispiel mit dem Magen, entsteht, muss natürlich ursächlich, medizinisch behandelt werden.

- Haut

Auch die Pflege der Haut gehört zu den Dingen, die manche Männer fälschlicherweise für überflüssig halten. Es macht eben für die meisten Frauen einen großen Unterschied, ob Ihre Haut rissig, spröde oder fettig ist, oder weich und wohlriechend.

In jeder Parfümerie oder Drogerie finden Sie spezielle Pflegeserien für Männer. Sie müssen also nicht befürchten, nach der Hautpflege allzu weiblich zu duften.

Ganz wichtig: Ehrlichkeit

Ein bisschen Übertreibung kann nicht schaden, oder?

Die Antwort auf diese Frage hängt stark davon ab, wie ernst es Ihnen ist. Wenn Sie nur aus Spaß an der Freude ein wenig unverbindlich flirten wollen, sind die Anforderungen an Ihre Ehrlichkeit sicher weniger streng, als wenn Sie auf der Suche nach einer ernsthaften und dauerhaften Beziehung sind. In letzterem Fall sollten Sie sich gut überlegen, ob Sie Ihre potenzielle zukünftige Partnerin über, Ihre Person, Ihre Situation oder Ihre Fähigkeiten täuschen wollen.

Erzählen Sie nichts über sich, was Sie revidieren müssten, wenn es zu einer ernsthaften Beziehung kommt. Spielen Sie nicht den „Mann von Welt", den „Rockstar" oder den „Raketen-Wissenschaftler", wenn Sie das nicht wirklich sind. Frauen haben ein gutes Gespür dafür, ob sich jemand verstellt oder gar lügt. Das Problem: Sobald sich eine ernste Beziehung anbahnt, müssen Sie die Karten auf den Tisch legen. Das ist sicher keine große Sache, wenn es sich darum handelt, dass Sie ein wenig bei Ihrem Golf-Handicap oder Ihre Ausdauer beim Joggen geschwindelt haben. Handelt es sich jedoch um wichtigere Dinge, haben Sie so möglicherweise bereits vor dem eigentlichen Start unnötigerweise Vertrauen verspielt.

Über diese Dinge wird beim Flirten am häufigsten gelogen:

- Beruf
- Einkommen
- Bildung

- Sportlichkeit
- Noch nicht beendete Beziehungen
- Kinder aus vergangenen Beziehungen
- Erkrankungen
- Lebensalter

Mein Leben ist nicht besonders beeindruckend

Na und? Nur die wenigsten Menschen haben einen wirklich spannenden Beruf oder ein außergewöhnliches Leben. Nur weil Sie einen langweiligen Job haben, muss das ja nicht bedeuten, dass Sie auch langweilig sind! Sie werden feststellen, dass auch die meisten Ihrer Flirtpartnerinnen ganz normale Berufe haben. Würden Sie eine Frau, die Ihnen gefällt, aus diesem Grund ablehnen? Sicher nicht, oder?

Frauen verfügen im Allgemeinen über ein hohes Maß an Intuition und reagieren sehr sensibel auf Lügen. Sie sollten also nicht damit rechnen, eine Frau, an der Ihnen wirklich etwas liegt, dauerhaft täuschen zu können. Vielmehr besteht die Gefahr, dass Sie sich in ein immer komplizierter werdendes Geflecht von Halbwahrheiten verstricken und die ganze Sache letztlich verderben.

Auf der anderen Seite wissen Frauen Ehrlichkeit sehr wohl zu schätzen. Das beginnt damit, einfach zuzugeben, wenn man etwas nicht weiß, oder einen Fehler gemacht hat. Sie können damit einen besseren Eindruck hinterlassen, als mit durchsichtigen Täuschungsmanövern.

Bei Gefühlen immer ehrlich sein

Ach ja, ein absolutes No-Go ist es mit den Gefühlen Ihrer Flirtpartnerin nicht ehrlich umzugehen. Es ist keinesfalls nur ein „Kavaliersdelikt“, falsche Gefühle vorzutäuschen oder Ihre Partnerin anzulügen, nur um sie „herumzubekommen“.

Auch wenn Sie feststellen, dass jemand dabei ist, sich in Sie zu verlieben,

Sie diese Gefühle aber nicht erwidern, ist absolute Ehrlichkeit gefragt!

Dabei können Sie durchaus auch rücksichtsvoll und höflich vorgehen. Auch hier gilt wie überall im Leben: „Der Ton macht die Musik!“ Es gibt für so gut wie alle Fälle immer auch eine Möglichkeit, etwas auf nette und einfühlsame Art zu sagen.

Gentlemen werden bevorzugt

Emanzipation hin oder her: Bestimmte Formen der männlichen Höflichkeit kommen auch heute bei fast allen Frauen gut an.

Du oder Sie?

Die allgemeinen Höflichkeitsregeln sagen, dass Erwachsene ab dem 17. Lebensjahr mit „Sie“ angesprochen werden. Von dieser Regel gibt es aber einige Ausnahmen:

- **Junge Menschen** bis etwa 30 Jahren duzen sich zumindest im Privatleben in der Regel.
- **Bei älteren Menschen** kommt es auf den Grad der Vertrautheit, die Situation und die generelle Lebenseinstellung an. So ist es unter Freunden natürlich üblich, das „Du“ zu verwenden. Auf einer privaten Party kann man auch Fremde duzen, zum Beispiel wenn es sich um Freunde des Gastgebers handelt, mit dem man selbst befreundet ist.
- Das „Du“ ist zum Beispiel auch **in Vereinen** üblich, oder unter Menschen mit einem **gemeinsamen Hobby**. Auch in bestimmten **Berufsgruppen** ist es üblich, sich zu duzen. Dazu gehören zum Beispiel die meisten Kreativberufe wie zum Beispiel Menschen in der Musikbranche.

- Auch unter Kollegen auf der gleichen Hierarchiestufe im Unternehmen ist es meist üblich, sich zu duzen. Bei manchen Unternehmen gehört das „Du“ zwischen allen Mitarbeitern zur erklärten Unternehmenskultur.
- Das „Sie“ ist grundsätzlich auch bei **Fremden**, bei **Vorgesetzten** und bei **älteren** Menschen angebracht, sofern diese nicht von sich aus das „Du“ anbieten.

Du oder Sie beim Flirt

Beim Flirten gelten noch einmal andere Regeln. Hier hängt die korrekte Anrede vor allem vom Grad der Vertrautheit und davon ab, wo man sich trifft. Während Sie als erwachsener Mann eine Frau auf der Straße in der Regel mit „Sie“ ansprechen sollten, ist es in einer Disco, in einem Klub oder - wie bereits erwähnt - auf einer Party üblich, sich zu duzen.

Einen Spezialfall stellen Frauen dar, die Sie beim Onlineflirt bereits per Chat, SMS oder E-Mail kennengelernt haben. In diesen Fällen ist es üblich, sich beim Austauschen von Nachrichten als auch beim ersten Treffen zu duzen. Will man vom „Sie“ zum „Du“ übergehen, gilt entsprechend dem Autoritätsprinzip, dass der Ältere dem Jüngeren das „Du“ anbietet oder die Dame dem Herrn.

Pünktlichkeit:

„Pünktlichkeit ist die Tugend der Könige.“ Dieser Satz ist zumindest in Deutschland und in der Schweiz absolut zutreffend. Zu spät kommen, wird hier nur sehr ungern gesehen und gilt als unhöflich.

Sicher kennen Sie auch den Satz: „Eine Dame lässt man nicht warten.“ Das gilt ganz besonders dann, Sie sich an einem Ort verabredet haben, an dem sich eine einzelne wartende Frau unwohl fühlen könnte. Also zum Beispiel auf einem Bahnsteig oder auch in einem Restaurant. In so einem Fall sollten Sie möglichst bereits einige Minuten vor dem eigentlichen Termin erscheinen.

Im Übrigen ist auch das zu früh Kommen manchmal unhöflich. Nämlich dann, wenn Sie bei jemandem zu Hause eingeladen sind. In diesem Fall ist es sogar üblich, ca. 10 - 15 Minuten zu spät zu kommen, um dem Gastgeber noch ein wenig mehr Zeit für die Vorbereitung zu lassen. Ausnahme: Eine Einladung zum Essen. In diesem Fall ist absolute Pünktlichkeit gefragt.

Ach ja, wenn Sie einmal ein Date tatsächlich absagen müssen oder wollen, gebietet es natürlich die Höflichkeit, Ihre Verabredung so früh wie möglich davon in Kenntnis zu setzen, damit sie ihre Zeit anderweitig verplanen kann.

Die Rechnung übernehmen:

Im Kapitel „Das perfekte Date“ können Sie im Detail nachlesen, wie das mit der Rechnung laufen sollte. An dieser Stelle nur so viel: Ein geringer Teil der Frauen (etwa 25%) geht davon aus, dass selbstverständlich der Mann die Rechnung im Café oder Restaurant übernimmt. Die meisten sehen das also nicht so, und viele Frauen wollen auch gerade beim ersten Date nicht eingeladen werden, um sich dem Mann gegenüber nicht verpflichtet zu fühlen.

Um nichts falsch zu machen, fragen Sie die Dame einfach, ob sie damit einverstanden ist, dass Sie die Rechnung übernehmen. Sagt sie ja, bezahlen Sie. Lehnt sie ab, zahlt jeder seine eigene Rechnung. Kommt es zu weiteren Treffen, kann man sich auch darauf einigen, abwechselnd zu zahlen.

Wenn klar ist, dass Sie eine Frau im Restaurant zum Essen einladen, können Sie elegant darauf hinweisen, dass Sie ruhig mehr als nur eine Pizza bestellen darf. Schlagen Sie einfach ein oder zwei Gerichte von der Karte vor, ohne darauf hinweisen zu müssen, dass es ruhig etwas teurer werden darf:

„Was halten Sie von Hirschbraten?“

„Der Hummer ist hier wirklich sehr gut ...“

Tipp: So zahlt man ohne Diskussionen

Wenn Sie sich sicher sind, dass es für Ihre Begleitung OK ist, dass Sie bezahlen, können Sie unnötige Diskussionen ganz leicht vermeiden. Verlassen Sie einfach kurz den Tisch mit den Worten „Bin gleich wieder da.“ Dann gehen Sie zur Bedienung und wickeln die Bezahlung (Trinkgeld nicht vergessen) ganz unauffällig und ohne Diskussionen ab.

Auch moderne Frauen mögen höfliche Männer.

Hier noch einige Beispiele für höfliches Verhalten einer Frau gegenüber:

In den Mantel helfen, den Mantel anreichen

Tür aufhalten

Ausnahme: Beim Betreten eines Cafés, einer Bar oder eines Restaurants tritt der Mann zuerst durch die Türe, hält diese dann aber natürlich auf.

Sie zuerst in den Wagen einsteigen lassen und ihre Tür schließen

Halten Sie die Tür zur Beifahrerseite für die Frau auf, warten Sie, bis sie Platz genommen hat, und schließen Sie dann die Tür. Erst danach steigen Sie ins Auto ein.

Ordinäre Sprache und Kraftausdrücke vermeiden

Auf einer Treppe nicht hinter der Dame gehen.

Gehen Sie besser nebeneinander, damit Sie sie stützen können, falls sie stolpert.

Im Restaurant oder Café darf die Frau zuerst bestellen

Beim Hinsetzen rücken Sie den Stuhl der Frau zurecht

Aufstehen bei der Begrüßung.

Aber auch zum Beispiel, wenn die Dame von der Toilette (oder politisch korrekt aus den „Waschräumen“) zurückkommt. Ganz korrekt wäre es, immer aufzustehen, wenn eine Dame den Raum betritt. Allerdings wäre das wohl in den meisten Fällen ein Knigge - Overkill und auf Dauer auch ziemlich anstrengend ;-) Sie können also darauf verzichten.

Nie ungefragt in Gegenwart der Frau rauchen.

Solange noch jemand isst, oder das Essen auf dem Tisch steht, wird natürlich gar nicht geraucht. Selbst an den wenigen Orten, an denen das Rauchen in der Öffentlichkeit noch erlaubt ist, wäre es aber auch unhöflich, ohne Nachfrage einfach eine Zigarette oder gar eine Zigarre anzustecken. Wenn die Frau selbst Nichtraucherin ist, sollten Sie möglichst gar nicht in ihrer Gegenwart rauchen.

Ach ja, man liest neuerdings immer häufiger, dass man korrekterweise nicht mehr „Guten Appetit“ sagen dürfe. Scheren Sie sich nicht darum. Wünschen Sie Ihrer Begleitung vor dem Essen einen guten oder gesegneten Appetit. Damit machen Sie nichts falsch.

Höflich auch gegenüber Dritten

Es macht übrigens immer einen guten Eindruck, wenn Sie Höflichkeit nicht nur gegenüber Ihrer Date-Partnerin walten lassen, sondern auch gegenüber allen anderen Menschen, denen Sie begegnen. Dazu gehören insbesondere auch Bedienungen und Angestellte des Restaurants.

<u>Immer</u> höflich bleiben:

Das gilt im Übrigen auch für den schlechtesten aller Fälle, nämlich dann, wenn Sie einen Korb bekommen. Manchmal kommt es vor, dass Männer dann so enttäuscht oder regelrecht wütend sind, dass sie sämtliche Regeln der Höflichkeit vergessen.

Es gilt aber auch in diesem Fall, immer höflich und freundlich zu bleiben. Schließlich ist es ja kein böser Wille oder Absicht, wenn eine Frau nicht auf einen bestimmten Mann steht.

Toleranz kommt immer gut an

Es ist eine erwiesene und vielfach untersuchte Tatsache: Je älter zwei Menschen sind, die sich kennenlernen, desto schwieriger ist es für beide, sich an den jeweils anderen zu gewöhnen. Der Grund dafür besteht darin, dass sich Persönlichkeit und Charakter mit jedem Lebensjahr mehr ausprägen und stabiler werden. Auch bestimmte Gewohnheiten, ein bestimmter Tagesablauf und auch der eigene Geschmack (sowohl wörtlich als auch im übertragenen Sinne) verfestigen sich, je älter man wird.

Und das beginnt nicht etwa erst mit 30 oder mit 40! Bereits ab dem 20. Lebensjahr kann man beobachten, wie es bereits sehr jungen Menschen immer schwererfällt, sich an neue Umstände anzupassen, sich umzugewöhnen, oder sich neue Verhaltensweisen anzueignen.

Untersuchungen zeigen, dass Menschen, die längere Zeit allein gelebt haben, besonders von diesem Phänomen betroffen sind. Treffen also zwei fremde erwachsene Menschen aufeinander, kollidieren fast schon zwangsläufig deren Persönlichkeiten, Gewohnheiten und Geschmäcker miteinander. Und tatsächlich scheitern viele Versuche, einen (neuen) Partner kennen und lieben zu lernen, an dieser einfachen Tatsache.

Frauen, die nach den Gründen für gescheiterte Kurzbeziehungen befragt wurden, geben häufig an, dass sie sich nicht an die Angewohnheiten ihrer neuen Partner gewöhnen konnten. Ebenso häufig wird angegeben, dass die Beziehung scheiterte, weil der neue Partner die Eigenheiten und Gewohnheiten der Frauen nicht akzeptieren konnte und ständig versuchte, diese zu „korrigieren“.

Toleranz ist das A und O in einer Beziehung und auch bereits beim Flirten!

Akzeptieren Sie Ihre Flirtpartnerin ohne Wenn und Aber, so wie sie ist. Manche Menschen machen den Fehler, anzunehmen, man könne den anderen irgendwie schon „zurechtbiegen", wenn es erst einmal zu einer Beziehung gekommen ist. Vergessen Sie das. Es wird nicht funktionieren! Ihre neue Partnerin will genauso wenig von Ihnen korrigiert werden, wie Sie von ihr. Wenn Sie sich das klar machen, können Sie sich viele Enttäuschungen ersparen.

Manchmal sind auch die äußeren Merkmale einer potenziellen Partnerin so überwältigend, dass man die vielen kleinen Hinweise darauf, dass man eigentlich gar nicht zusammenpasst, einfach ignoriert. Klar, bei einer Frau, die blendend aussieht, drückt Mann gerne mal ein Auge zu. Die Erfahrung zeigt allerdings, dass sich dieser Beauty-Bonus rasch abnutzt.

Machen Sie sich von Anfang an klar, dass Sie es bei der Suche nach einer Partnerin mit Frauen zu tun haben, die genau wie Sie selbst, bestimmte Gewohnheiten und Persönlichkeitsmerkmale haben, die Sie nicht korrigieren können (und es auch nicht versuchen sollten). Der Versuch, eine potenzielle Partnerin zu „korrigieren" ist ein todsicherer Flirt- und Beziehungskiller!

Nur kein Stress!

Es ist absolut normal, dass es nicht sofort beim ersten, zweiten oder dritten Date wirklich funkt. Lassen Sie sich Zeit. Sie sind in der komfortablen Lage, so lange suchen zu dürfen, bis Sie eine Partnerin gefunden haben, die wirklich zu Ihnen passt. Niemand setzt Sie unter Druck und Sie müssen keinerlei Erwartungen erfüllen.

Small Talk ist für den Anfang völlig OK

Starten Sie mit ganz unverfänglichem Small Talk. Niemand sagt, dass Sie einer Frau bereits in den ersten zwei Sätzen Ihr „Herz ausschütten“ müssen. Beginnen Sie stattdessen ganz entspannt mit ein wenig Small Talk.

Unterhalten Sie sich über Themen, über die Sie vielleicht auch mit einem Mann sprechen würden. Wenn die Frau daran interessiert ist, Sie näher kennenzulernen, werden Sie das schon nach kurzer Zeit bemerken. Sie können dann das Gespräch viel entspannter in Richtung Flirt entwickeln.

Tipp: Flirtsignale

Achten Sie auf die typischen Flirtsignale, die im Abschnitt „Daran erkennen Sie, dass eine Frau auf Sie steht“ beschrieben sind. So finden Sie schnell heraus, ob es sich lohnt, mit dem Flirten zu beginnen.

So entstresst man eine Flirtsituation

Manchmal kann es auch hilfreich sein, die eigene Zielsetzung ein wenig zu korrigieren. Sie könnten einmal versuchsweise so tun, als seien Sie gar nicht unbedingt auf der Suche nach einer neuen Partnerin, sondern möchten nur neue Freunde kennenlernen.

Oder Sie richten Ihre Aufmerksamkeit mehr auf den Freundeskreis der Frau, die Sie eigentlich kennenlernen wollen. Auf diese Weise kommen Sie mit ihr in Kontakt, ohne dass ein zu großer Erwartungsdruck entsteht.

Wenn es gar nicht funkt

Werden Sie nicht nervös, wenn es einfach nicht funktioniert. Anziehungskraft und Sympathie lassen sich nicht künstlich herstellen oder gar erzwingen. Wenn der Funke nicht überspringt, muss es weder an Ihnen noch an Ihrer Flirtpartnerin liegen. Manchmal passt es eben einfach nicht. Das ist kein Beinbruch, sondern völlig normal.

Ein Flirt ist (noch) keine Liebe

Beim Flirten geht es zunächst nur darum, „abzuklopfen", ob man sich sympathisch ist und ob eventuell mehr daraus werden könnte. Es geht darum, sich kennenzulernen und zu testen, ob man zueinanderpasst. Nicht mehr und nicht weniger.

Beim Flirten gehen zwar in der Regel beide Partner davon aus, dass aus dem unverbindlichen Gespräch auch Gefühle wie Zuneigung oder gar Liebe entstehen könnten. Solange das Flirten aber andauert, ist diesbezüglich noch gar nichts entschieden.

Es gibt beim Flirten keine Verbindlichkeiten.

Wenn man das vergisst, kann es schmerzhaft sein. Zum Beispiel, wenn man sich in einen Flirtpartner verliebt, diese Liebe jedoch nicht erwidert wird.

Noch schwieriger wird es, wenn es zum Austausch von Zärtlichkeiten oder sogar zum Sex kommt. Hierbei können die Gefühle auf beiden Seiten extrem unterschiedlich verteilt sein. Während der oder die eine noch meint, dass körperliche Nähe noch gar nichts zu bedeuten hat, kann der Partner das unter Umständen ganz anders sehen. Abhängig von Erziehung, sozialem Umfeld und Lebenserfahrung bewerten verschiedene Menschen Nähe, Zärtlichkeit und Sex gänzlich unterschiedlich.

Um sich davor zu schützen, hier in eine schmerzliche Gefühlsfalle zu tappen, sollten Sie sich immer wieder klar machen, dass Flirten eine völlig unverbindliche Angelegenheit ist. Selbst ein One-Night-Stand verpflichtet zu nichts! Es ist aber für beide Seiten wichtig, das so früh wie möglich zu klären.

Apropos One-Night-Stand, Sie sind auch als Mann nicht verpflichtet, mit jeder Frau zu schlafen, die Ihnen das anbietet. Wenn Sie der Ansicht sind, dass dazu ein wenig mehr gehört als nur ein Flirt, können Sie das durchaus sagen, ohne dadurch wie ein „Weichei" zu wirken. Ganz im Gegenteil: Vielen Frauen wird das sogar ganz gut gefallen!

Warten Sie nicht auf die „Liebe auf den ersten Blick"

In Liebesromanen und im Kino gibt es sie andauernd, im wirklichen Leben eher selten. Die Rede ist von der „Liebe auf den ersten Blick". Laut verschiedener Meinungsumfragen glauben weit mehr als die Hälfte aller Deutschen an die Liebe auf den ersten Blick. Dabei ist die Zahl der Frauen, die an diesen Glücksfall glauben, deutlich höher als die der Männer, die hier wohl ein wenig realistischer sind.

Andere Umfragen zeigen aber: Viele Paare, die eine dauerhafte und stabile Beziehung führen, haben erst zueinandergefunden, nachdem sie sich bereits eine Weile kannten. Wie auch immer, darauf zu warten, dass einem DER Partner über den Weg läuft, in den man sich auf den allerersten Blick verliebt, ist keine gute Idee.

Verabschieden Sie sich von einer solchen idealisierten Vorstellung. Gerade im Erwachsenenalter, wenn man bereits eine oder mehrere Beziehungen hinter sich hat, ist die Bereitschaft, sich auf den ersten Blick zu verlieben, bei den meisten Menschen nicht mehr sehr ausgeprägt. Darauf zu warten und anderen potenziellen Partnerinnen keine Chance zu geben, bedeutet viele Möglichkeiten zu verpassen.

Sie können allerdings Einiges dafür tun, damit Sie selbst für Frauen auf den ersten Blick attraktiv wirken: Schauen Sie sich dazu insbesondere die Abschnitte zum Thema Kleidung, Körpersprache und sicheres Auftreten an. Wenn Sie die Regeln, Tipps und Tricks zu diesen Themen beherzigen, wachsen Ihre Chancen deutlich, dass sich eine Frau auf den ersten Blick <u>in Sie</u> verliebt.

Nicht zu früh aufgeben ...

Wie bereits erwähnt: Es gibt nicht nur die Liebe „auf den ersten Blick“. Manchmal dauert es einfach ein wenig länger, bis der Funke überspringt. Manche Frauen wollen auch erst einmal schauen, ob es dem Mann auch wirklich ernst ist. Wer sofort aufgibt, wenn es beim ersten Treffen nicht optimal läuft, erweckt natürlich den Eindruck, dass er es zwar versucht hat, ihm die Sache aber dann doch nicht sooo wichtig ist.

Natürlich gilt auch hier: Wenn die Frau endgültig „Nein“ sagt, haben wir als Männer das zu akzeptieren. Oft gibt es hierbei aber nicht nur Schwarz und Weiß, und manchmal bekommt man einen Korb, weil die Frau einfach noch nicht sicher ist, was sie von Ihnen halten soll.

Vielleicht hat die Frau auch einfach einen schlechten Tag, oder sie hat sich kurz zuvor über irgendetwas geärgert. Vielleicht hat sie Sorgen, oder es ist etwas anderes passiert, das mit Ihnen gar nichts zu tun hat. Sie können dann ruhig noch einmal versuchen, sich von Ihrer besten Seite zu präsentieren, um den ersten Eindruck zu korrigieren.

Der erste Eindruck: Ihre große Chance!

Der erste Eindruck zählt! Diese Aussage trifft zu 100 % zu. Untersuchungen zeigen, dass Personen, die einen Menschen zum ersten Mal sehen, diesen blitzschnell aufgrund seines äußeren Erscheinungsbildes einschätzen und beurteilen. Diese Einstufung findet statt, noch bevor derjenige etwas gesagt oder getan hat. Innerhalb von Bruchteilen einer Sekunde entscheidet sich, wie der Mensch eingeschätzt wird:

- sympathisch / unsympathisch
- selbstbewusst / unsicher
- offen / reserviert
- modern / altmodisch

- humorvoll / humorlos
- freundlich / unfreundlich
- kompetent / inkompetent
- vertrauenswürdig / unzuverlässig

Es gibt keine zweite Chance für einen guten ersten Eindruck!

Wie sehr die obige Aussage zum ersten Eindruck tatsächlich stimmt, zeigt sich darin, dass das erste Urteil, das jemand über eine ihm unbekannte Person trifft, oft sogar dann bestehen bleibt, wenn sich die Person anschließend ganz gegenteilig verhält.

Man kann also beim ersten Treffen sofort einen dauerhaft guten Eindruck hinterlassen oder sich – wenn man sich ungünstig präsentiert - eine bleibende negative Einschätzung einhandeln. Es lohnt sich also, sich beim ersten Date ganz besonders anzustrengen.

Halten Sie mehrere Eisen im Feuer

Umfragen haben ergeben, dass weit mehr als die Hälfte aller Online-Flirter Flirtkontakte zu mehreren Flirtpartnern unterhalten. Allerdings gehen nur die wenigsten dieser „Multi-Flirter" offen damit um. Ein nicht geringer Teil gab an, dem jeweiligen Flirtpartner zu verschweigen, dass es noch andere Kandidaten gibt. Dahinter steckt wohl der Gedanke, dass es - ähnlich wie in einer Beziehung - eine Art von Vertrauensbruch ist.

Machen Sie sich frei von solchen Gewissensbissen. Solange Sie nicht bei einer Frau erfolgreich waren und sich nicht auf eine Beziehung mit einer Frau eingelassen haben, ist es Ihr gutes Recht, den Flirt-Kontakt zu mehreren Frauen aufrechtzuerhalten.

Wenn es dann bei einer nicht klappt, trifft Sie das viel weniger, als wenn Sie sich nur auf die eine fixiert haben. Das Wissen, noch weitere Flirtpartner in der „Hinterhand" zu haben, kann zudem auch dazu führen, dass Sie beim Flirten wesentlich lockerer bleiben. Sie haben dann bei einem einzelnen Flirt einfach weniger zu verlieren!

Tipp: Überblick behalten

Nichts wirkt tödlicher für einen Flirt, als die aktuelle Flirtpartnerin mit einer anderen zu verwechseln! Gerade beim Online-Flirten kann es leicht passieren, dass man die Daten und Informationen zu den einzelnen Damen durcheinanderbringt. Auch wirkt es merkwürdig, wenn man mehrfach die gleichen Fragen stellt, obwohl die Flirtpartnerin diese noch am Abend zuvor ausführlich beantwortet hat.
Um solche Fehler zu vermeiden, sollte man die Zahl der parallelen Flirts in Grenzen halten und sich Notizen zu den einzelnen Flirtkontakten machen. Ich muss sicher nicht betonen, dass Sie selbstverständlich dafür sorgen, dass diese Notizen niemand außer Ihnen und insbesondere keiner Ihrer Flirtkontakte zu sehen bekommt. Die Erfahrung zeigt übrigens, dass es nicht viel bringt, zu viele Eisen im Feuer zu halten. Die einzelnen Kontakte bleiben dabei oft oberflächlich. Besser Sie konzentrieren sich auf einige, wenige, die Sie wirklich interessieren.

Vorsicht beim Onlineflirt

Je nachdem, wie Sie die Kontakte zu Ihren Online-Partnerinnen pflegen, ist es für andere relativ leicht zu recherchieren, wen Sie so alles anflirten. In den entsprechenden Foren werden exzessive Multi-Flirter auch gerne einmal geoutet. Vergessen Sie nicht, dass nichts von dem, was Sie online schreiben, verloren geht und womöglich an unerwünschter Stelle wieder auftaucht!

Ehrlich bleiben

Spätestens, wenn sich der Kontakt zu einer Flirtpartnerin vertieft und zu etwas „Ernstem“ wird, sollten Sie die Karten auf den Tisch legen. Teilen Sie der entsprechenden Dame offen mit, dass Sie noch weitere Flirtkontakte hatten oder haben. Wenn es Ihnen mit der Frau ernst ist, sollten Sie die parallelen Kontakte dann auch beenden. Am besten, indem Sie den anderen Flirtpartnerinnen ehrlich mitteilen, dass Sie „vom Markt“ sind, sodass diese sich ebenfalls anderweitig orientieren können.

Warum Humor beim Flirten so wichtig ist

Humor sagt viel über eine Person aus. Einem Menschen mit Humor werden automatisch viele positive Eigenschaften zugeschrieben. Wer humorvoll ist, gilt als freundlich, optimistisch, selbstbewusst und intelligent.

Nach einer Studie der Online-Partnervermittlung ElitePartner.de geben über 90 % aller Singles an, dass Humor eine unverzichtbare Eigenschaft ihres zukünftigen Partners sein muss. Besonders Frauen geben an, dass es für sie besonders wichtig sei, dass ihr zukünftiger Partner sie „zum Lachen bringen“ könne.

Nehmen Sie sich selbst nicht zu ernst

Auch Missgeschicke oder peinliche Situationen lassen sich mit Humor locker überspielen und wegstecken. Sie können dadurch sogar wertvolle Sympathiepunkte gewinnen. Und ganz nebenbei fühlen Sie sich auch deutlich besser, wenn Sie nicht alles so ernst nehmen. Die allermeisten schwierigen Situationen im Leben lassen sich deutlich besser ertragen, wenn man sich selbst nicht allzu ernst nimmt, oder sogar darüber lachen kann. Schöne und erfreuliche Situationen hingegen werden meist noch schöner, wenn man sie unverkrampft und mit Humor genießt.

Auch Humor kann man trainieren

Viele Menschen gehen davon aus, dass Humor angeboren ist und man Humor entweder hat, oder eben nicht. Aber das ist nur die halbe Wahrheit. Die Fähigkeit zum Humor trägt fast jeder in sich. Bei vielen ist sie allerdings tief verschüttet. Manchen wird schon als Kind eingebläut, möglichst ernsthaft zu sein. Andere wachsen mit der Überzeugung auf, dass Lachen nur etwas für Kinder oder für solche Menschen ist, die den Ernst des Lebens noch nicht erkannt haben.

Tatsächlich ist es aber nie zu spät, die eigene humorvolle Seite zu entdecken. Die Mittel dazu sind ganz simpel: Beschäftigen Sie sich einfach regelmäßig mit witzigen oder spaßigen Dingen. Schauen Sie sich Komödien im Kino oder im Fernsehen an, lesen Sie Comics oder besuchen Sie Theateraufführungen. Vielleicht erscheint Ihnen anfangs vieles als zu albern (und vielleicht ist es das ja auch). Das macht aber gar nichts. Wenn Sie nicht bierernst durchs Leben gehen wollen, brauchen Sie viel humorvollen Input.

Das bedeutet natürlich nicht, dass Sie jeden lahmen Karnevalskalauer oder die Witze in Ihrer Fernsehzeitung lieben müssen. Auch beim Thema Humor gibt große intellektuelle Unterschiede. Und wenn Sie auf intelligenten Humor stehen, umso besser! Humor ist übrigens auch ein guter Indikator dafür, ob Ihre Flirt-Partnerin zu Ihnen passt. Stellt sich heraus, dass sie beide einen gänzlichen unterschiedlichen Humor haben, sollten Sie darüber nachdenken, ob die Beziehung wirklich funktionieren kann.

Auch wenn es vielleicht zunächst nicht so wichtig zu sein scheint. Die Fähigkeit, gemeinsam lachen zu können, ist ein elementarer Bestandteil jeder funktionierenden Beziehung.

Vorsicht Ironie:

Seien Sie vorsichtig mit Ironie und Doppeldeutigkeiten. Nicht jeder kann mit dieser Form von Humor umgehen. Bedenken Sie, dass eine Frau, die Sie noch nicht näher kennt, durchaus annehmen könnte, dass Ihre Scherze völlig ernst gemeint sind. Spätestens, wenn Ihre scherzhaften Bemerkungen zu Stirnrunzeln oder ungläubigen Blicken führen, sollten Sie für Aufklärung sorgen ;-)

Vorsicht Zoten:

Was viele Männer witzig finden, muss nicht unbedingt auch die Frauen zum Lachen bringen. So begeben Sie sich zum Beispiel mit jeder Art von erotischen und erst recht mit sexistischen Witzen auf ganz dünnes Eis.

Tatsächlich sollten Sie solche Witze und Scherze beim Flirten am besten für sich behalten. Das Gleiche gilt natürlich für jede Art von „Frauenwitzen“ und - je nach Haarfarbe Ihrer Flirt-Partnerin - auch für Blondinenwitze. Sollte sich irgendwann herausstellen, dass Ihre neue Partnerin so etwas witzig findet, können Sie ja später immer noch Ihre Sammlung von „Herrenwitzen“ hervorzaubern ;-)

Das Geheimnis von „Fake it till you make it“

Die Amerikaner benutzen den schönen Ausdruck „Fake it till you make it! Das bedeutet in etwa „Tu so, dann wirst du so!“

Gemeint ist damit die Tatsache, dass es möglich ist, ein erwünschtes Verhalten dadurch zu erreichen, indem man zunächst nur so tut, als ob man es bereits beherrschen würde.

Die Idee ist nicht neu. Schon der Philosoph Aristoteles hat dies bereits vor über 2000 Jahren festgestellt. Ein Mensch, der so tut, als ob er besonders mutig, gesellig oder ehrlich ist, nimmt diese Eigenschaften nach einiger Zeit auch tatsächlich an.

Eine ganze Reihe von wissenschaftlichen Untersuchungen haben diesen Effekt bestätigt. Eine neue Rolle einzunehmen, gelingt besonders gut, indem man die Rolle zunächst nur spielt. Nach und nach nimmt man dadurch immer mehr Eigenschaften der Rolle an, bis man zum Schluss tatsächlich so ist, wie die Rolle, die man zunächst nur gespielt hat. Damit ist diese Technik wunderbar dazu geeignet, beim Flirten oder bei einem Date Sicherheit und Selbstbewusstsein auszustrahlen. Sie können damit gleichzeitig zwei Dinge erreichen:

1. Sie können sofort selbstbewusster und attraktiver wirken. Indem Sie sich so verhalten, als seien Sie bereits sehr selbstbewusst, wirken Sie auf andere auch so. Sie werden mit anderen Augen gesehen und ganz anders behandelt, als jemand, der kein Selbstvertrauen ausstrahlt. Insbesondere machen Sie einen ganz anderen Eindruck auf Ihre Flirt- oder Date-Partnerinnen. Seien Sie sicher: Wenn Sie es nicht übertreiben, wird keine von ihnen bemerken, dass Sie nur so tun als ob.
2. Sie trainieren dadurch Ihr neues selbstbewussteres Verhalten, was dazu führt, dass Sie sich Schritt für Schritt tatsächlich selbstbewusster fühlen und selbstbewusster werden. Sie können auf diese Weise ganz einfach Ihre Ausstrahlung und Attraktivität dauerhaft verbessern.

Und machen Sie sich keine Gedanken darüber, ob dieses „so tun als ob“ wirklich in Ordnung ist. Sie würden sich wundern, wie viele äußerst erfolgreiche Menschen mit dieser Methode arbeiten. Sie ist absolut legitim und hilft Ihnen zuverlässig dabei, so zu werden, wie Sie sein möchten.

Nutzen Sie den Effekt der Selbsterfüllenden Prophezeiungen!

Es gibt im Bereich der Psychologie und Soziologie einen ganz erstaunlichen Effekt, der sich „Selbsterfüllende Prophezeiung oder Englisch, „Selffulfilling prophecy“, nennt. Wer den Effekt der selbsterfüllenden Prophezeiung für sich nutzen kann, hat ein äußerst mächtiges Mittel an der Hand, um seine Ziele zu erreichen.

Der von dem amerikanischen Soziologen, Robert K. Merton, geprägte Name des Effekts, beschreibt im Prinzip schon, worum es geht. Die Wirkung der selbsterfüllenden Prophezeiung besteht nämlich darin, dass die Wahrscheinlichkeit, dass ein bestimmtes Ergebnis einer Handlung eintritt, sehr stark davon abhängt, was der Betreffende erwartet.

Erwartet ein Mann, zum Beispiel dass er bei einer Frau nicht landen kann, wird dies mit großer Wahrscheinlichkeit auch eintreffen. Es gilt aber auch der umgekehrte Fall: Erwartet er, dass er die Frau mit seiner sympathischen Art überzeugen wird, wird auch das sehr höchstwahrscheinlich passieren.

Es ist also die Erwartung, dass ein bestimmtes Ergebnis eintritt, die maßgeblich dazu beiträgt, dass das dann auch in der Realität so geschieht. Wer glaubt, dass er eine Situation erfolgreich meistern wird, wird das sehr wahrscheinlich auch schaffen. Aber: Wer glaubt, dass er versagen wird, wird sehr wahrscheinlich auch tatsächlich versagen!

Ganz gleich, ob Sie glauben, etwas zu schaffen oder dabei zu versagen: Sie werden (fast) immer recht behalten!

Vielen von uns ist es schon zur Gewohnheit geworden, negative Voraussagen für unser eigenes Handeln zu machen. Oft steckt dahinter der Gedanke, dass es so einfacher ist, sich selbst und andere nicht zu enttäuschen, wenn man etwas nicht schafft. Aufgrund des Effekts der selbsterfüllenden Prophezeiungen führt diese „Vorsichtsmaßnahme" aber leider oft genug dazu, den negativen Ausgang einer Handlung erst zu bewirken.

Sie sollten also in jedem Fall vermeiden, negative Voraussagen zu Ihren Handlungen zu machen. Ersetzen Sie die negativen Voraussagen durch positive, um die Wahrscheinlichkeit Ihres Erfolgs zu erhöhen. Das ist zu Beginn gar nicht so einfach, denn das Motto „Das Schlimmste annehmen und das Beste hoffen!" ist tief in unserem Denken verankert.

Beispiele:

Schlecht:

- ~~*„Ich traue mich sowieso nicht, sie anzusprechen.“*~~

- ~~*„Bei der habe ich bestimmt keine Chance!“*~~

- ~~*„Ich werde nie eine passende Frau finden“*~~

- ~~*„Ich komme bei Frauen einfach nicht gut an.“*~~

Besser:

+ *„Ich werde die Frau jetzt ganz entspannt ansprechen.“*

+ *„Die sieht sehr nett aus. Bestimmt mag sie mich auch.“*

+ *„Ich bin ein netter Kerl. Bestimmt finde ich bald eine passende Frau.“*

+ *„Ich habe eine Menge Vorzüge. Wenn ich die zeige, werden mich viele Frauen mögen.“*

Und nicht vergessen: Es geht darum, was Sie <u>erwarten</u>, nicht darum, wie es bereits ist. Mit einer optimistischen Erwartungshaltung können Sie aktiv die Zukunft zu Ihren Gunsten verbessern!

PRAXIS: SO LERNT MAN FRAUEN KENNEN

Von der Theorie zur Praxis: Jetzt wird es ernst. Sie erfahren in diesem Kapitel wo, und, auf welche Weise, Sie erfolgreich Frauen ansprechen und kennenlernen können. Neben vielen allgemeinen Tipps und Tricks finden Sie auch eine ganze Reihe von Beispielformulierungen, mit denen Sie sofort loslegen können. Viel Erfolg!

Rausgehen!

Um Frauen kennenzulernen, müssen Sie möglichst oft rausgehen. Die Wahrscheinlichkeit, dass in Ihrer Wohnung plötzlich eine Traumfrau auftaucht, ist äußerst gering.

Verlassen Sie also Ihre Wohnung so oft wie möglich und begeben Sie sich unter Menschen. Denken Sie immer daran, Ihre Traumfrau können Sie theoretisch überall treffen. Voraussetzung ist aber, dass Sie dann auch dort sind! Gehen Sie spazieren, shoppen, bummeln, oder setzen Sie sich in ein Café oder eine Kneipe. Ein Buch kann man zum Beispiel nicht nur zu Hause lesen. In einer ruhigen Kneipe kann man bei einem Gläschen Wein wunderbar lesen und gleichzeitig eine Menge Leute treffen. Die Wahrscheinlichkeit, dabei mit einer Frau ins Gespräch zu kommen oder gar selbst angesprochen zu werden, ist gar nicht so klein.

Suchen Sie Orte auf, an denen mit großer Wahrscheinlichkeit auch Frauen ohne Männerbegleitung anzutreffen sind. Dazu gehören zum Beispiel Museen, Ausstellungen oder Cafés. Besuchen Sie Veranstaltungen, bei denen erfahrungsgemäß mehr Frauen als Männer anwesend sind. Dazu gehören zum Beispiel Yogakurse, Tanzkurse, aber auch Bildungsveranstaltungen in der örtlichen Volkshochschule. Suchen Sie auch solche Orte auf, an denen andere Partner suchende Menschen anzutreffen sind. Dazu gehören zum Beispiel Discos und Klubs. Auch wenn es wegen der großen Lautstärke, oft schwierig ist, ein Gespräch zu führen, sollten Sie sich hier ab und zu blicken lassen.

Benutzen Sie öffentliche Verkehrsmittel, statt allein mit dem Auto unterwegs zu sein. Sie treffen hier nicht nur sehr viele Frauen, es ergeben sich auch häufig günstige Situationen, die ein näheres Kennenlernen erleichtern. Im Abschnitt „Ansprechen in der Straßenbahn" finden Sie weitere Informationen zu diesem Thema.

Keine Gelegenheit auslassen

Wenn Sie ernsthaft auf der Suche sind, sollten Sie aktiv werden, sobald Sie eine Frau entdecken, die Ihnen gefällt. Vergessen Sie alle Aufschubargumente. Jede Gelegenheit bietet erneut die Chance, Ihre Traumfrau kennenzulernen.

Es ist eine völlig unromantische mathematische Tatsache, dass die Wahrscheinlichkeit, dass Sie erfolgreich sind, analog zur Anzahl Ihrer Versuche steigt. Und wie bereits zu Beginn bemerkt: Auch ein missglückter Versuch bringt Sie weiter. Sie gewinnen Routine und können womöglich aus Ihren Fehlern lernen. Also: Bleiben Sie dran. Nicht schwächeln, nicht aufgeben. Mit jedem neuen Versuch kommen Sie Ihrem Ziel näher!

Welche Art von Frauen wollen Sie kennenlernen?

Was manchmal völlig übersehen wird, ist die Möglichkeit, über den Ort, an dem an nach Frauen Ausschau hält, zu steuern, welche Art von Frauen man trifft. Man trifft eben in der Disco oder in einem Klub in der Regel andere Frauen als im Museum oder in der örtlichen Kirchengemeinde.

Natürlich kann man seine Traumfrau theoretisch überall treffen. Bei Aldi genauso wie beim Straßenfest, am Arbeitsplatz genauso wie in der Uni. Trotzdem ist die Wahrscheinlichkeit, jemanden der Musik begeistert ist, bei einem Konzert oder in der Orchesterprobe kennenzulernen wesentlich größer als im Supermarkt. Aus diesem Grund sind auch Vereine oder andere Interessengruppen ein guter Startpunkt, um jemanden zu finden, der die gleichen oder ähnliche Interessen hat, wie man selbst.

Wenn Sie also bestimmte Vorstellungen davon haben, wie Ihre zukünftige Partnerin sein soll, macht es Sinn, die Sache systematisch anzugehen. Sie können dadurch Ihre Erfolgschancen dramatisch vergrößern und Fehlschläge vermeiden.

Mit offenen Augen durch die Welt gehen

Sie müssen für einen Flirt bereit sein. Das bedeutet vor allem, mit offenen Augen durch die Welt gehen und Gelegenheiten beim Schopfe packen. Konkret heißt das: Gelegenheiten zum Flirten gibt es überall. Je häufiger Sie eine solche Gelegenheit ergreifen, desto größer die Wahrscheinlichkeit, dass Sie Ihre Traumfrau kennenlernen werden.

Typische Gelegenheiten:

- Einer Frau helfen

Der klassische Fall: Einer Frau fällt etwas herunter. Schon sind Sie zur Stelle, heben es für sie auf oder helfen ihr beim Einsammeln. Oder Sie helfen einer Frau dabei, ein schweres Gepäckstück hochzuheben oder zu transportieren. Gelegenheiten dazu gibt es in Hülle und Fülle. Die Frau wird Ihnen dankbar sein und schon ergibt sich eine Gelegenheit zum Plaudern.

- Einer Frau den Vortritt lassen oder die Türe aufhalten

Als höflicher Mann lassen Sie natürlich einer Frau den Vortritt oder halten eine Tür für sie auf. Das wirkt vielleicht auf den ersten Blick altmodisch, die meisten Frauen mögen das aber trotzdem.

- Eine Frau um Rat oder Hilfe bitten:

Fragen Sie, nach dem Weg oder danach, an welcher Station Sie aus der Bahn aussteigen müssen. An der Reaktion der Frau merken Sie sofort, ob sie vielleicht an einer Unterhaltung oder gar an einem Flirt interessiert ist. Was ebenfalls gut funktioniert, ist eine Frau um einen Rat beim Einkaufen zu bitten. Die meisten Frauen werden Sie gerne beraten, wenn Sie sie nach ihrer Meinung zu einem Geschenk für Ihre Nichte oder zu einem Parfüm für Ihre Schwester bitten.

- Eine Frau ansprechen, die etwas Besonderes (dabei) hat

Es ist immer gut, einen konkreten Anlass zu finden, um eine Frau anzusprechen. Besonders gut funktioniert das, wenn Sie irgendetwas Besonderes an der Frau finden. Das kann zum Beispiel ein auffälliges Tattoo, aber auch etwas Simples wie ein besonders schönes Kleid oder auffallend schöne Haare sein. Ein Glückstreffer ist zum Beispiel eine Frau, die einen Hund bei sich hat. Teilen Sie ihr mit, dass Ihnen der Hund gefällt, fragen Sie nach seinem Alter, der Rasse, dem Namen. So gut wie alle Hundebesitzer(innen) freuen sich, wenn sie auf Ihre Vierbeiner angesprochen werden.

Am Wochenende steigen Chancen

Umfragen zeigen, die Wahrscheinlichkeit, Freitag abends oder am Wochenende eine Frau kennenzulernen, ist deutlich größer als an jedem anderen Wochentag. Nicht nur, dass Single-Frauen an den Wochenenden viel häufiger (allein) unterwegs sind als unter der Woche: Am Wochenende ist auch die Bereitschaft, sich auf einen Flirt oder mehr einzulassen, viel größer als in der Woche, wenn alle von der Arbeit müde sind und am nächsten Morgen wieder früh raus müssen. Die Möglichkeiten sind im Grunde nur durch Ihre Fantasie begrenzt. Wie gesagt, gehen Sie mit offenen Augen durch Ihre Stadt und Sie werden unendlich viele Möglichkeiten entdecken.

Hier treffen Sie „ganz zufällig" viele Frauen

Es gibt eine ganze Reihe von Orten und Gelegenheiten, wo Sie immer überdurchschnittlich viele Frauen treffen werden. Ein Beispiel dafür sind typische „Frauenkurse" in Bildungseinrichtungen. Keine Angst, damit sind nicht etwa nur Kurse für kreatives Stricken oder Ikebana gemeint ;-) Es gibt auch sehr interessante Kurse, zum Beispiel bei den Volkshochschulen, in denen Sie naturgemäß vor allem Frauen treffen werden. Oft sind außer Ihnen nur wenige und manchmal gar keine weiteren Männer in diesen Kursen anzutreffen. Sie sind dort also ohne weiteres Zutun sofort der „Hahn im Korb".

Beispiele für Typische Frauenkurse:

- Yogakurs
- Kochkurse
- Sprachkurse
- Tanzkurse (hier herrscht in der Regel akuter Männermangel!)
- Kunstkurse (Zeichnen, Malen, theoretische Beschäftigung mit Malerei)
- Literaturkurse
- Rhetorikkurse

- Entspannungskurse
- Psychokurse jeglicher Art

Ein weiterer Bereich, in dem normalerweise mehr Frauen als Männer anzutreffen sind, sind ehrenamtliche Tätigkeiten im sozialen Bereich.

Bestimmte Sportarten werden vor allem von Frauen betrieben. Melden Sie sich in einem Reitbetrieb für ein paar Reitstunden an. In einem typischen Reitstall ist das zahlenmäßige Verhältnis von Frauen zu Männern etwa 8:1. Als männlicher Reiter sind Sie fast immer automatisch im Mittelpunkt des weiblichen Interesses.

Auch in der Öffentlichkeit gibt es viele Orte, an denen es relativ einfach ist, Frauen anzusprechen und kennenzulernen. Vorteilhaft sind natürlich vor allem Orte, an denen Sie Gelegenheiten haben, ganz „unverdächtig" mit den Frauen ins Gespräch zu kommen. So sind zum Beispiel Museen, Ausstellungen oder Buchhandlungen gut geeignet, weil sich hier per se jede Menge Gesprächsstoff anbietet. In einer Buchhandlung bietet sich darüber hinaus auch die Gelegenheit, eine Frau nach Ihrer Meinung zu einem bestimmten Buch zu fragen. Oder Sie bitten sie um einen Rat für ein Buch, dass Sie verschenken wollen.

Frauen kennenlernen am Arbeitsplatz

Es ist keine Neuigkeit: Die meisten Menschen treffen ihren zukünftigen Partner bei der Arbeit. Voraussetzung dafür ist natürlich, dass in Ihrem Job überhaupt Frauen arbeiten. Informatiker und Angestellte in anderen technischen Berufen können ein Lied davon singen. Wenn 99% der Kollegen männlich sind, ist es sehr schwierig, am Arbeitsplatz die Traumfrau kennenzulernen.

Vorteile

Eine Beziehung unter Kollegen hat einige unbestreitbare

Vorteile:

- Man kennt diejenige meist schon seit einiger Zeit.
- Man weiß auch, wie sie zum Beispiel in stressigen oder problematischen Situationen reagiert.
- Man hat automatisch eine Menge Gemeinsamkeiten und Gesprächsthemen.
- Das Verständnis für die besonderen Anforderungen in bestimmten Jobs (zum Beispiel Schichtbetrieb, Bereitschaftsdienste etc.) ist naturgemäß größer als bei Außenstehenden.

Die Kehrseite der Medaille

Leider hat die Situation, mit der Partnerin am Arbeitsplatz auskommen zu müssen, auch einige handfeste Nachteile:

- Stress und Ärger aus dem Job wirken bis ins Privatleben hinein.
- Was passiert nach einem Streit oder gar einer Trennung? Es kann ganz schön schwierig sein, danach wieder harmonisch und ganz sachlich zusammenzuarbeiten.
- Es entsteht leicht Eifersucht und/oder Neid unter den anderen Kollegen.
- Es entstehen leicht Interessenkonflikte.

Achtung Firmenpolitik

Es ist nicht überall gerne gesehen, wenn sich Beziehungen zwischen Mitarbeitern anbahnen. Zu groß ist die Gefahr, dass die privaten Kontakte einen negativen Einfluss auf die Arbeitsleistung oder das Betriebsklima haben. Und diese Bedenken sind nicht ganz unbegründet. Denn was passiert zum Beispiel, wenn so eine Beziehung zerbricht? Können die Ex-Partner danach noch problemlos miteinander arbeiten? Dazu kommen allzu menschliche Verhaltensweisen wie Eifersucht oder die möglicherweise bevorzugte Behandlung des Partners. Wie würden Sie sich zum Beispiel verhalten, wenn die Kollegin, in die Sie verliebt sind, einen schwerwiegenden Fehler macht, oder gar etwas Ungesetzliches tut?

Aus diesen Gründen versuchen viele Unternehmen von vornherein zu unterbinden, dass sich Liebesbeziehungen zwischen Mitarbeitern entwickeln. Manchmal sind solche Betriebsvereinbarungen sogar Teil des Arbeitsvertrages. Auch wenn ein solches „Verbot“ womöglich vor einem Gericht keinen Bestand haben sollte, könnten Sie sich eine Menge Ärger einhandeln. Selbst wenn Sie nicht gleich mit einer Entlassung rechnen müssen, kann es zum Beispiel passieren, dass man Ihnen oder Ihrer Partnerin nahe legt, in eine andere Abteilung zu wechseln.

Prüfen Sie besser, wie die entsprechenden Regelungen in Ihrer Firma gehandhabt werden, bevor Sie sich am Arbeitsplatz auf die Suche nach einer Partnerin machen.

Achtung: Sexuelle Belästigung

Es ist in den letzten Jahren zu beobachten, dass es immer häufiger zu Abmahnungen, Entlassungen oder gar zu Schadensersatzprozessen wegen sexueller Belästigung am Arbeitsplatz kommt. Die Sensibilität bei diesem Thema nimmt immer weiter zu, und schon manch ein Mann hat sich gewundert, dass er wegen manchmal lächerlicher Kleinigkeiten einen Haufen Ärger bekommen hat.

Seien Sie also vorsichtig, was das Flirten am Arbeitsplatz betrifft. Verhalten Sie sich dort Frauen gegenüber immer 110%ig korrekt! Sollte sich etwas zwischen Ihnen und einer Kollegin anbahnen, sparen Sie sich das Flirten für ein privates Treffen nach Feierabend auf.

Ach ja, eine Beziehung zu einer Kollegin sollte man nicht sofort an die „große Glocke“ hängen. Heißt: Erst einmal schauen, wie sich die Beziehung entwickelt, und ob etwas Dauerhaftes daraus wird. Sollte das der Fall sein, kann es zum Beispiel vorteilhaft sein, den Vorgesetzten in einem vertraulichen Gespräch darüber zu informieren. Sie können sich dadurch unter Umständen viele Unannehmlichkeiten ersparen.

Speed Dating

Speed Dating ist eine Art Flirten unter Hochdruck. Bei dieser Form der organisierten Zusammenführung von Partnersuchenden, die - natürlich - aus den USA stammt, geht es um Folgendes:

Die Teilnehmer (vorherige Anmeldung ist erforderlich) treffen sich zum angegebenen Termin an einem bestimmten Ort (Hotel, Tagungsraum, Café Bar o. ä.). Meist gibt es für jeden Speeddating-Termin eine Altersvorgabe. Das heißt, Sie müssen nicht befürchten, auf Teilnehmerinnen zu treffen, die 20 Jahre jünger oder älter sind als Sie selbst. In der Regel erfolgt zu Beginn eine kurze Einweisung durch eine Mitarbeiterin des Veranstalters. Während der Veranstaltung lernt jeder anwesende männliche Single jeden weiblichen Single kennen und umgekehrt.

Beim Start sitzen jeweils ein Mann und eine Frau an einem Tisch. Jeder Teilnehmer hat die Möglichkeit, für 7 - 10 Minuten mit seinem aktuellen Partner zu sprechen. Nach Ablauf der Gesprächszeit ertönt ein Gong und alle Teilnehmer wechseln zum jeweils nächsten Gesprächspartner. Die Gesprächspartner notieren in diesem Moment, ob sie daran interessiert sind, den Partner der letzten Runde wiederzusehen.

Bei größeren Veranstaltern erfolgt die Angabe der Wiedersehenswünsche oft online innerhalb von 48 Stunden nach dem Speed Dating. Die Auswertung aller Wiedersehenswünsche erfolgt innerhalb von ein paar Tagen. Gibt es Übereinstimmungen (beide Partner wünschen ein Wiedersehen), erhalten Sie die Informationen, um Kontakt zu Ihrer Wunschfrau aufnehmen zu können.

Tipp: Nicknames beim Speed Dating

In der Regel kennen sich die Teilnehmer(innen) nur unter ihren Nicknames (Fantasienamen/Spitznamen), die sie bei der Anmeldung angegeben haben. Vermeiden Sie es deshalb unbedingt, einen merkwürdigen oder gar peinlichen Nickname bei der Anmeldung anzugeben! Wählen Sie stattdessen geschickt einen wohlklingenden Nickname aus, oder einen, der die Frauen neugierig macht. Wenn Sie zum Beispiel irgendeine besonders gute oder spannende Eigenschaft haben, können Sie mit dem Nickname ganz dezent darauf hinweisen. Die Frage nach dem Grund für den Nickname kommt garantiert!

Während der Kurzgespräche sprechen sich die Teilnehmer auch nur mit ihren Nicknames an. Den Klarnamen einer Teilnehmerin erfahren Sie nur, wenn auch diese mittels Wiedersehenswunsch an einem näheren Kennenlernen mit Ihnen interessiert ist.

Vorteile:

+ Beim Speed Dating lernen Sie in kurzer Zeit relativ viele Frauen kennen, die ebenfalls auf der Suche nach einem Partner sind.

+ Wenn Sie optisch etwas hermachen, können Sie diesen Vorteil beim Speed Dating voll ausspielen. Wegen der Kürze der Zeit spielt Aussehen eine relativ große Rolle.

+ Wenn Sie in der Lage sind, sich verbal gut zu „verkaufen“, sind Sie beim Speed Dating im Vorteil.

Nachteile:

- Aufgrund der Kürze der Gesprächszeiten beschränkt sich das Interesse der anwesenden Frauen in der Regel auf die wenigen Männer, die rein äußerlich besonders attraktiv wirken.
- Männer, denen das Reden nicht so gut liegt, oder solche, die eine relativ lange Aufwärmphase für ein Gespräch benötigen, sind beim Speed Dating im Nachteil.
- Wenn Sie also weder gut aussehen, noch besonders eloquent sind, sind wahrscheinlich andere Formen des Kennenlernens für Sie günstiger.

Speed Dating Veranstaltungen finden regelmäßig in allen größeren Städten statt. Die Teilnahmegebühr beträgt in der Regel etwa 20 Euro inklusive Begrüßungsgetränk. Eine besondere Variante ist das Online-Speed Dating. Hierbei kommunizieren Sie mit potenziellen Partnerinnen über Mikro und Webcam.

Veranstalter und Termine in Ihrer Nähe finden Sie im Internet. Googlen Sie ganz einfach nach „Speed Dating" und dem Namen der nächstgrößeren Stadt in Ihrer Nähe.

Flirt/Single - Partys

Sogenannte Flirt- oder Single-Partys gibt es schon ewig. Es gibt ganz formelle Single-Partys, bei denen die Kontaktaufnahme zu potenziellen Partnern über Teilnehmernummern funktioniert und weniger formelle, bei denen sich Singles zwanglos zum Tanzen, Trinken und Feiern treffen.

Bei einer formellen Single-Party erhält jeder Teilnehmer ein Namensschild mit seiner Nummer. Möchte ein Teilnehmer Kontakt zu einem anderen aufnehmen, kann er diesen Wunsch bei einer sogenannten „Poststelle" mitteilen. Bei manchen Veranstaltungen können Kontaktgesuche auch an einer Pinnwand „veröffentlicht" werden. Größere Veranstalter verwenden auch Computergestützte oder Online-Systeme für die Verarbeitung der Nachrichten zwischen den Teilnehmern. Die einzelnen Teilnehmer erhalten dann ihre Anfragen und können sich entscheiden, ob sie zu dem Anfragenden Kontakt aufnehmen möchten, oder nicht.

Diese Form des Flirtens erscheint auf den ersten Blick unnötig kompliziert, erleichtert aber die Kontaktaufnahme insbesondere für zurückhaltende und schüchterne Menschen. Zudem entsteht bei Nichtgefallen keine peinliche Situation, sodass man sich leichter „trauen" kann, Kontakt zu einem anderen Teilnehmer zu suchen. Die Veranstalter größerer Single-Partys organisieren häufig auch ein Unterhaltungsprogramm oder spezielle Kennenlern-Spiele und andere Aktivitäten. Dadurch wird die Kontaktaufnahme zwischen den Teilnehmern gefördert und erleichtert.

Ü-Partys

Single-Partys finden oft mit einer Altersvorgabe statt. So gibt es sogenannte Ü30, Ü40 oder Ü50-Partys, wobei das Ü jeweils für „Über" steht. Man kann also schon im Vorfeld vermeiden, auf einer Single-Party zu alt oder aber viel zu jung für die restlichen Teilnehmer(innen) zu sein.

Tipp:

Auf Single-Partys trifft man erfahrungsgemäß nicht nur solche Teilnehmer, die ernsthaft auf der Suche nach einem neuen Partner sind. Viele Gäste wollen sich auch einfach nur amüsieren oder sind generell nur auf der Suche nach neuen Freundschaften oder Bekanntschaften. Manche Besucher wollen auch nur mal checken, „was so geht" und ihren „Marktwert" ermitteln.

Single Reisen

Wenn Sie schon einmal als allein Reisender einen Urlaub verbracht haben, wissen Sie, dass es manchmal ganz schön schwierig und unbefriedigend sein kann, wenn die ganze Reiseorganisation auf Paare oder Familien ausgerichtet ist. Oft ist es schwierig, andere Urlauber kennenzulernen und es kann vorkommen, dass man auch als Teilnehmer an Ausflugsprogrammen, am Pool, an der Bar oder sogar beim Essen allein bleibt.

Viele Reiseveranstalter bieten deshalb mittlerweile neben ihrem Standard-Urlaubsprogrammen für Paare oder Familien, auch spezielle Reisen für Singles an. Wie der Name schon sagt, sind das Urlaubsreisen, an denen nur oder vorwiegend alleinstehende Urlauber teilnehmen.

Solche Single-Reisen haben gleich mehrere Vorteile:

+ Auch die anderen Teilnehmer sind daran interessiert, nicht allein zu bleiben und Kontakte zu knüpfen

+ Je nach Reiseziel und Urlaubsaktivitäten (z. B. Sport, Wandern, Kultur etc.) treffen Sie automatisch andere Singles, die ähnliche Interessen haben, wie Sie selbst.

+ Im Verlauf von einer oder mehr Wochen ergibt sich die Möglichkeit, einen Urlaubsflirt so weit zu vertiefen, dass man den anderen relativ gut kennenlernt.

Ein Nachteil solcher Single-Reisen ist natürlich, dass es vorkommen kann, dass Sie sich in eine Mitreisende verlieben, die im wahren Leben womöglich Hunderte von Kilometern entfernt lebt. Viele Beispiele zeigen allerdings, dass auch das kein Problem ist, wenn sich die „Richtigen“ gefunden haben.

Achten Sie beim Buchen einer Single-Reise darauf, dass sich der Single-Charakter eines solchen Urlaubs nicht ausschließlich auf den Beziehungsstatus der Teilnehmer beschränkt. Wichtig ist, dass während des Aufenthaltes auch Aktivitäten angeboten werden, die sich gezielt an Singles richten. Denn selbst, wenn auch die anderen Reiseteilnehmer Singles sind, bedeutet das noch nicht, dass es für jeden einfach ist, Kontakte zu knüpfen. Zurückhaltende und schüchterne Menschen haben auch hier manchmal Probleme, wenn sich keine konkreten Gelegenheiten ergeben.

Aus diesem Grund bieten viele Reiseveranstalter für ihre Single-Reisen ein Rahmenprogramm, das sowohl sportliche Aktivitäten als auch gemeinsame Wanderungen, Kochkurse und einiges mehr beinhaltet. Auf diese Weise fällt das Kennenlernen anderer Teilnehmer viel leichter und der Urlaub macht auch noch mehr Spaß!

Vorsicht: Unseriöse Anbieter

Längst haben findige Geschäftemacher herausgefunden, wie man Menschen, die einen neuen Partner suchen, mit unseriösen Angeboten und Tricks das Geld aus der Tasche ziehen kann. Oft geschieht dies über unterschiedlichste Lockangebote. Ganz gleich, ob im Internet oder in Zeitungsannoncen: Mit gefälschten Partnergesuchen von attraktiven Frauen werden Männer dazu verleitet, Kontakt zu der jeweiligen Agentur oder zum Betreiber der Webseite aufzunehmen.

Um den Kontakt zu der meist gar nicht existierenden Traumfrau aufzunehmen, sollen die Männer dann im Voraus unterschiedlich hohe Geldbeträge überweisen, oder langfristige Verträge und Abos abschließen. Ganz dreiste Anbieter schicken gleich einen Mitarbeiter zu den arglosen Männern nach Hause, um dort eine Unterschrift, oder gar Bargeld zu ergaunern. Es gab sogar Fälle, in denen der Mitarbeiter den Kunden genötigt hat, mit ihm gemeinsam zum Geldautomaten zu gehen, um dort den geforderten Betrag in bar abzuheben.

Vorsicht: Teure SMS, lange Verträge und Abos

Auch im Bereich sogenannter Flirt-Seiten gibt es neben seriösen Angeboten leider eine ganze Reihe von Anbietern, die den meist männlichen

Nutzern mit unlauteren Methoden das Geld aus der Tasche ziehen. Sie sollten zum Beispiel äußerst vorsichtig sein, wenn der Anbieter versucht, Ihnen teure Premium-SMS-Dienste anzubieten. Sie bezahlen für solche SMS-Nachrichten eine Menge Geld. Ihre „Flirtpartnerinnen" sind aber oftmals keine Frauen auf Partnersuche, sondern Angestellte des Anbieters, die die teure SMS-Kommunikation geschickt und möglichst lange aufrechterhalten.

Natürlich gibt es auch seriöse Flirtseiten. Auf solchen Seiten können Sie zum Beispiel während einer noch kostenlosen Mitgliedschaft nur die Nutzerprofile der anderen angemeldeten Kontaktsuchenden betrachten. Erst wenn Sie mit einem oder mehreren Mitgliedern in Kontakt treten wollen, müssen Sie einen monatlichen Beitrag bezahlen. Wie immer bei solchen Verträgen ist es natürlich auch hier wichtig, sich nicht versehentlich für einen sehr langen Zeitraum von 24, 48 oder mehr Monaten zu binden, oder in eine Abofalle zu tappen. Vergessen Sie nicht: Sie werden den Dienst wahrscheinlich nicht mehr benötigen, sobald sie eine neue Partnerin gefunden haben.

Es gibt aber auch völlig kostenfreie Flirtseiten. Diese werden in der Regel über Werbung finanziert, die während Ihrer Suche auf dem Bildschirm und manchmal auch innerhalb von Textnachrichten, die Sie versenden oder erhalten, angezeigt wird.

Achtung Abos!

Ein Trick, auf den viele Benutzer aus Unwissenheit hereinfallen, ist der stillschweigende Übergang einer zeitlich begrenzten und oft sehr günstigen Mitgliedschaft, in einen deutlich teureren Abo-Vertrag.

Eine andere, unseriöse Methode besteht darin, dass irgendwo im Kleingedruckten ein Hinweis darauf steht, dass die kostenlose oder kostengünstige Probephase automatisch dann endet, wenn der Benutzer eine kostenpflichtige Leistung in Anspruch nimmt. Einige Anbieter versuchen sogar, in diesem Fall das Widerrufsrecht erlöschen zu lassen. Lesen Sie die Bedingungen, unter denen Sie eine „Kurzmitgliedschaft" oder eine „Probemitgliedschaft“ eingehen, also genau durch, damit es kein böses Erwachen gibt. Es macht auf jeden Fall auch Sinn, in einschlägigen Foren und Communities nachzulesen, welche Erfahrungen andere Flirt-Sucher bereits mit den unterschiedlichen Anbietern gemacht haben.

Was tun, wenn man in eine Falle getappt ist?

Viele, der unseriösen Anbieter setzen darauf, dass es den betrogenen Männern häufig zu peinlich ist, eine Anzeige zu erstatten oder einen Rechtsbeistand damit zu beauftragen, das Geld zurückzufordern. Falls Ihnen etwas Ähnliches passiert sein sollte, sollten Sie nicht zögern, Hilfe zu suchen. Diese finden Sie zum Beispiel bei den Verbraucherberatungsstellen oder ggf. auch direkt bei der Polizei, wo die entsprechenden Anbieter oft schon bekannt sind.

Erweitern Sie Ihren Freundeskreis

Es ist eine Tatsache: Die meisten Beziehungen entstehen zwischen Menschen, die sich im Berufsleben oder im persönlichen Freundeskreis kennenlernen. Ganz gleich, ob auf einer Geburtstagsparty oder bei einem gemütlichen Spieleabend: Im Bekannten- und Freundeskreis fällt es den meisten Menschen am leichtesten, Kontakte zu knüpfen. Doch was, wenn man nur wenige Freunde hat, oder der Freundeskreis (oft job-bedingt) fast nur aus Männern besteht?

Vereine

Ja, ich weiß, das klingt ziemlich altmodisch. Aber: Wenn Sie auf der Suche nach neuen Bekanntschaften sind, ist die Mitgliedschaft in einem Verein nach wie vor die beste und einfachste Methode. Voraussetzung ist natürlich, dass Sie einen Verein finden, der etwas anbietet, das Sie interessiert, und natürlich einer, bei dem auch Frauen mitmachen. Meist ist das aber zumindest in der nächsten größeren Stadt der Fall.

Facebook

Facebook ist ein soziales Netzwerk, in dem mittlerweile die allermeisten Leute (allerdings nicht alle!) zu finden sind.

Um Menschen oder Gruppen mit ähnlichen Interessen zu finden, reicht es aus, die entsprechenden Suchbegriffe in die Suchzeile am oberen Bildschirmrand einzugeben und die Suchen-Schaltfläche anzuklicken. Um bevorzugt nach Mitgliedern in Ihrer Nähe zu suchen, reicht es in der Regel den Ortsnamen oder die Postleitzahl mit einzugeben. Wenn man in einem sehr kleinen Ort lebt, nimmt man stattdessen den Namen der nächstgrößeren Stadt. Auf diese Weise finden Sie innerhalb von Sekunden, Menschen, die das gleiche Hobby oder die gleichen Interessen haben wie Sie.

Vorsicht: Facebook-Funktion „Freunde finden"

Es ist schon viel über die - sagen wir mal entspannte - Haltung von Facebook bezüglich des Datenschutzes gesprochen und geschrieben worden. Eine Facebook-Funktion, die gerade von Menschen in Anspruch genommen wird, die auf der Suche nach (neuen) Freunden sind, ist die Funktion „Freunde finden". Wenn Sie Facebook diese Aufgabe per Klick auf die entsprechende Schaltfläche übertragen, räumen Sie damit theoretisch auch Fremden die Möglichkeit ein, Ihre E-Mail-Kontakte zu durchsuchen.

Wenn Sie also nicht wollen, dass jeder die Liste all Ihrer E-Mail-Kontakte kennt, sollten Sie diese Suchfunktion nicht starten bzw. sie deaktivieren!

Online Gleichgesinnte und Freunde in Ihrer Umgebung finden

Übrigens, mit dem Wunsch, den eigenen Freundeskreis erweitern zu wollen, steht man nicht allein da. Das zeigen eine ganze Reihe von Webangeboten, die nichts anderes tun, als Menschen zusammenbringen, die in einer bestimmten Stadt oder Region mal etwas mit anderen Menschen unternehmen wollen.

Das Gute daran: Daraus können auch Beziehungen zu Frauen entstehen, müssen aber nicht. Da es zunächst wirklich nur darum geht Freunde zu finden, mit denen man etwas unternehmen kann, ist der Erwartungsdruck nicht groß und alle sind viel entspannter. Man tritt also nicht sofort mit einem Schild auf der Stirn „Suche Frau“ an, sondern kann die neuen Leute ganz unverkrampft kennenlernen.

Eins von vielen Beispielen für solche Initiativen ist das Netzwerk Frühstückstreff (fruehstueckstreff.info). Hier können Sie sich völlig kostenlos zu einem der bundesweiten Frühstückstreff-Termine anmelden und völlig zwanglos auch - aber nicht nur - Singles kennenlernen.

Andere Portale sind zum Beispiel: „New in Town (new-in-town.com) oder Ars amici (ars-amici.de). Auf der Seite Weactive (weactive.com) können Sie sich zum Beispiel ganz zwanglos mit Gleichgesinnten zum Kino- oder Konzertbesuch verabreden. Freundschaftssuchdienste sind mittlerweile auch als Apps für iOS oder Android Geräte verfügbar.

Vorsicht ist überall da geboten, wo Kosten anfallen oder dort, wo Sie dazu aufgefordert werden, lang laufende Verträge oder Abos abzuschließen. Es gibt aber genug gute Freundschaftssuchdienste und Webseiten, bei denen beides nicht notwendig ist.

So bringen Sie Frauen dazu, Sie anzusprechen

Ganz gleich, wie viel Geschick man darin entwickelt, Frauen anzusprechen: Die Erfolgsquote ist in der Regel nicht immer befriedigend. Klar, man sieht einer Frau eben nicht an, ob sie ebenfalls auf der Suche nach einem Partner ist, oder sich schon seit Jahren in einer glücklichen Beziehung befindet, die sie auch nicht aufgeben möchte.

Wie viel einfacher (und angenehmer) wäre es da, wenn man selbst von Frauen angesprochen würde? Leider erleben das nur die wenigsten Männer. Die meisten von uns hoffen zwar, dass ihnen so etwas einmal passiert, aber leider meist vergeblich! Dabei können Sie Ihre Chancen, selbst von einer Frau angesprochen zu werden, relativ einfach drastisch erhöhen. Mit den folgenden Tipps und Tricks schaffen Sie das locker.

Hilfe suchen

Ein Klassiker: Der Stadtplan-Trick

Uralt, aber immer noch wirksam ist der sogenannte Stadtplan-Trick. Er besteht einfach darin, dass Sie sich mit einem entfalteten Stadtplan an einen belebten Ort einer größeren Stadt stellen. (Der Trick funktioniert natürlich nicht so gut in einem Dorf mit nur 500 Einwohnern! ;-)

Mit dem Stadt- oder U-Bahn Plan bewaffnet, stellen Sie sich an einer belebten Stelle auf. Blicken Sie abwechselnd auf den Plan und auf die umliegenden Schilder mit Straßennamen oder die Nummern der einfahrenden U- oder Straßenbahnen.

Schauen Sie verwirrt auf den Stadtplan und ab und zu Hilfe suchend ringsumher. Mit etwas Glück eilt Ihnen schon bald eine Frau zu Hilfe. Natürlich passiert es bei dieser Methode manchmal, dass Ihnen auch Männer ihre Hilfe anbieten, oder Frauen, an denen Sie nicht interessiert sind. Trotzdem stehen die Chancen hierbei nicht schlecht, von einer interessanten Frau angesprochen zu werden.

Auffallen

Tragen Sie etwas mit sich herum, wodurch Sie auffallen und andere neugierig machen. Sie bieten so, interessierten Frauen einen Anknüpfpunkt, um Sie anzusprechen, ohne dass es für sie unangenehm oder peinlich wäre. Eine gute Idee ist zum Beispiel ein Ansteckbutton mit einem auffallenden Bild oder einem witzigen Spruch. Solche Buttons kann man mithilfe einer entsprechenden Maschine ganz leicht selbst herstellen. Es gibt eine ganze Reihe von Anbietern, bei denen man Buttons mit individuellen Designs und Sprüchen für wenig Geld anfertigen lassen kann.

Wenn Sie mutig sind, können Sie auch ein besonders auffälliges Kleidungsstück tragen. Die Möglichkeiten reichen vom bunt gemusterten Schal (harmlos) bis hin zum bunten Hut (mutig). Natürlich sollten Sie einige freundliche oder erklärende Sätze parat haben, wenn Sie darauf angesprochen werden.

Auch ein interessantes Tattoo kann ein Anknüpfpunkt für eine Unterhaltung sein. Frauen interessieren sich erfahrungsgemäß besonders für kryptische Tattoos in Form von chinesischen Schriftzeichen oder sogenannten *Tribals*.

Wenn Sie ohnehin planen, sich ein Tattoo zuzulegen, sollten Sie gezielt nach Motiven suchen, die eine besonders interessante und möglichst geheimnisvolle Aussage haben. Aber Vorsicht: Schon mancher hat sich auf die Aussage eines Tattoo-"Experten" verlassen und sich auf diese Weise eines mit einer unpassenden oder gar peinlichen Aussage stechen lassen. Lassen Sie sich zum Beispiel bei chinesischen Schriftzeichen deshalb lieber von einem Muttersprachler beraten.

Mit Waldi auf Frauenfang

Gehen Sie mit einem netten Hund spazieren. Je niedlicher der Hund, desto häufiger werden Sie von Frauen angesprochen. Nicht ganz unwichtig ist die richtige Hunderasse. Niedliche Hunde funktionieren in der Regel ganz gut. Die Erfahrung zeigt aber, dass ein typischer „Handtaschenhund“, wie der von Paris Hilton, einem Mann nicht gut steht. Ist der Hund zu klein und allzu niedlich, wirkt das unter Umständen auch ziemlich unmännlich.

Auf der anderen Seite sollte man natürlich auch nicht mit einem bedrohlich wirkenden Riesenköter auftreten. Ein Dobermann ist sicher keine gute Wahl. Ebenso wenig Hunde, die aufgrund ihrer Physiologie dazu neigen, zu sabbern oder überzüchtete Exemplare, die eher Mitleid als Interesse erregen. Schäferhunde haben keinen guten Ruf, obwohl es herzensgute Tiere sein können. Sie erinnern einfach zu sehr an den typisch deutschen Polizeihund, was einer romantischen Stimmung eher abträglich ist ;-) Und natürlich muss der Hund 100%ig handzahm sein. Mit einem Hund mit Maulkorb oder einem, der die Dame zur Begrüßung in die Hand beißt, erzielt man logischerweise nicht den gewünschten Effekt.

Ich habe aber keinen Hund

Kein Problem. Leihen Sie sich einen aus. Entweder im Bekanntenkreis oder im örtlichen Tierheim. Tierheime freuen sich über jeden, der sich bereit erklärt, mit den dort einsitzenden Vierbeinern Gassi zu gehen. Und wenn Sie sowieso Tierfreund sind: In Tierheimen trifft man unter den haupt- und ehrenamtlichen Helfern auch überdurchschnittlich viele Frauen an!

Voraussetzung für diese Methode ist natürlich, dass Sie selbst Hunde mögen. Die Wahrscheinlichkeit, dass Sie von Hundebesitzerinnen angesprochen werden, ist bei diesem Vorgehen natürlich sehr hoch.

Die Vorstellung beginnt ...

Die Art und Weise, in der Sie sich einer Frau vorstellen, hängt natürlich wesentlich von den äußeren Umständen ab. Treffen Sie die Frau in der Firma oder bei einem offiziellen Anlass, müssen Sie sich natürlich formeller vorstellen als abends auf einer privaten Party. Grundsätzlich wirkt es sympathisch, wenn Sie Ihren vollen Vor- und Nachnamen nennen. Die zusätzliche Nennung des Vornamens ist privater und eröffnet die Möglichkeit eines Gesprächs auf einer persönlicheren Ebene.

Spezialfall akademische Titel

Wer sich als Dr. XY oder Professor XY vorstellt, kann damit genau richtig liegen, ... oder genau das Gegenteil erreichen.

Es ist sicher unbestritten, dass ein solcher Titel auf manche (vielleicht sogar viele) Frauen Eindruck macht. Umgekehrt kann es aber auch snobistisch wirken, in einer privaten Kennenlern-Situation, das schwere Titel-Geschütz aufzufahren. Hinzu kommt, dass jemand, der sich als „Dr. Meyer“ vorstellt, nicht unbedingt den Eindruck erweckt, als ob er an einer privateren Beziehung interessiert wäre.

Wie bereits erwähnt, hängt das natürlich auch insbesondere von den äußeren Umständen des Kennenlernens ab. Auf einem Kongress oder bei einem geschäftlichen Termin ist die formelle Form der Vorstellung sicher richtig, bei einer privaten Party oder abends in der Kneipe eher nicht.

Sicherheit vermitteln

Versetzen Sie sich in die Lage einer Frau, die von einem Mann angesprochen wird. Für eine Frau bedeutet es immer auch ein gewisses Risiko, sich mit einem unbekannten Mann einzulassen. Woher sollte sie auch wissen, dass Sie ein herzensguter Typ sind, dem nichts ferner liegt, als die Frau zu erschrecken oder ihr etwas Böses zu wollen?

Behalten Sie das immer im Hinterkopf, wenn Sie sich einer Frau vorstellen. Seien Sie so offen wie möglich. Machen Sie von Anfang an klar, dass Sie nichts zu verbergen haben. Teilen Sie neben Ihrem Namen auch mit, wo Sie wohnen, evtl. sogar, wo Sie arbeiten und weitere Fakten, die der Frau dabei helfen, Sie einzuordnen.

Visitenkarten vermitteln Sicherheit

Auch wenn es vielleicht auf den ersten Blick ein wenig unpersönlich erscheint: Wenn Sie der Frau eine Visitenkarte mit Ihren Kontaktdaten überreichen, können Sie ihr dadurch zusätzliche Sicherheit vermitteln. Sie weiß dann, mit wem sie es zu tun hat. Vermeiden sollte man allerdings, dass das Überreichen der Visitenkarte allzu geschäftsmäßig abläuft. Sie könnten sonst in den Verdacht geraten, Ihre Visitenkarten an jede zweite Frau zu verteilen. Etwas persönlicher wird eine Visitenkarte übrigens dadurch, dass man auf der Rückseite handschriftlich seine private Telefonnummer notiert.

Tipp:

Leider kommt es gar nicht so selten vor, dass man vor lauter Beachtung aller Höflichkeitsregeln den Namen der Gesprächspartnerin nicht richtig mitbekommt oder sofort wieder vergisst. Das sollte Ihnen natürlich nicht passieren. Seien Sie also besonders aufmerksam, wenn Ihre Gesprächspartnerin ihren Namen nennt.

Versuchen Sie sofort etwas Bekanntes mit dem Namen zu verbinden. Zum Beispiel eine Person mit dem gleichen Namen, ein bestimmtes Bild oder irgendetwas anderes, das Ihnen dabei hilft, den Namen zu merken. Ganz gleich wie Sie es anstellen, vergessen sollten Sie den Namen auf keinen Fall!

Trauen Sie sich!

Mehre große Umfragen haben es gezeigt: Wir Deutschen Männer sind nicht besonders mutig, wenn es darum geht, eine fremde Frau anzusprechen. Über 80% der befragten Singles gaben an, nicht mehr länger allein sein zu wollen, aber nur ca. 20% sagten, dass sie aktiv versuchen, diesen Zustand zu ändern, indem Sie jemanden ansprechen. Die anderen trauen sich nicht oder nur ganz selten, selbst aktiv zu werden und warten stattdessen lieber darauf, dass sich „eine Gelegenheit" ergibt, oder sogar darauf, dass sie selbst angesprochen werden.

Das ist allerdings eine Einstellung, die nur in den allerwenigsten Fällen zum Erfolg führen wird. Selbst wenn Sie die Tipps aus dem Kapitel „So bringen Sie Frauen dazu, Sie anzusprechen" beherzigen, brauchen Sie ein wenig Mut, um bei der Partnersuche erfolgreich zu sein.

Dabei sind wir Männer in der unglücklichen Situation, dass es in der Regel unser „Job" ist, aktiv auf Frauen zuzugehen. Auch wenn viele Frauen heutzutage emanzipiert sind: So weit, dass die Frauen die Initiative bei der Partnersuche übernehmen, sind nur die wenigsten.

Warten Sie also nicht ab, bis die Angebetete Ihnen signalisiert, dass sie gerne mit Ihnen flirten möchte. Viele Frauen tun das grundsätzlich nicht und warten stattdessen darauf, dass Sie als Mann aktiv werden.

Frauen ansprechen geht überall

Also, ganz gleich, ob im Supermarkt, in der Straßenbahn oder beim Gassi gehen mit dem Hund: Wenn Sie eine Frau entdecken, die Ihnen auf den ersten Blick sympathisch ist, werden Sie aktiv! Warten Sie erst gar nicht so lange, bis Ihnen Bedenken kommen. Starten Sie zumindest sofort das Minimalprogramm, indem Sie ihr in die Augen schauen und lächeln. Checken Sie auf diese Weise, ob Sie überhaupt eine Chance haben. Lächelt die Frau zurück und bleibt der Blickkontakt sogar einen Augenblick länger bestehen als nötig, sieht es gut für Sie aus!

Es gibt dann keine Ausreden mehr, um nicht zum nächsten Schritte überzugehen und die Frau anzusprechen. Dazu passt ein Zitat des Mannes, der (zumindest in seinen Filmen) nie Probleme mit Frauen hatte:

> *„Mut ist, wenn man Todesangst hat, aber sich trotzdem in den Sattel schwingt."*
>
> *(John Wayne)*
>
> In diesem Sinne: Reiten Sie los!

Nur eine Gelegenheit? Nutzen Sie sie!

Manchmal ergibt es sich, dass Sie genau eine Gelegenheit haben, Ihre Traumfrau anzusprechen und kennenzulernen. Das ist zum Beispiel immer dann der Fall, wenn Sie einer Frau zufällig begegnen und genau wissen, dass sich dieser Zufall nicht wiederholen wird.

Ganz gleich, ob während einer Zugfahrt oder beim Coldplay-Konzert, im Urlaub oder an der Autobahnraststätte. Manchmal trifft man Menschen, von denen man genau weiß, dass man sie nie wieder sehen wird, wenn man nicht selbst die Initiative ergreift und ihre Bekanntschaft sucht. Das ist umso tragischer, wenn es sich dabei vielleicht um Ihre Traumfrau handeln könnte.

In diesem Fall gibt es nur eine Handlungsoption: Sie müssen diejenige sofort ansprechen, auch wenn Sie dabei ein hohes Risiko eingehen, einen Korb zu bekommen. Auf der anderen Seite: Wenn Sie die Frau ohnehin nie wieder sehen, kann Ihnen das im Grunde auch völlig egal sein. Natürlich können Sie auch hier Ihre Chancen drastisch erhöhen, wenn Sie die Betreffende auf eine respektvolle Art und Weise ansprechen, die ihr zeigt, wie wichtig und ernst es Ihnen dabei ist.

Beispiele:

> *„Entschuldigung, darf ich Sie ansprechen? Sie sind mir eben sofort aufgefallen und ich würde es mir nicht verzeihen, es nicht wenigstens zu versuchen, Sie kennenzulernen.“*

> *„Ich würde es mir nicht verzeihen, Sie einfach wieder aus meinem Leben verschwinden zu lassen.“*

> *„Ich würde es mir nicht verzeihen, nicht wenigstens Hallo zu sagen, bevor ich Sie vielleicht niemals wiedersehe.“*

In solch einem speziellen Fall ist es auch durchaus in Ordnung, ihr eine Visitenkarte oder einfach einen Zettel mit Ihrer eigenen Telefonnummer zur überreichen.

> *„Wenn Sie auch Lust haben, mich noch einmal wiederzusehen, rufen Sie mich bitte an.“*

> *„Wenn nicht, hat es mich auf jeden Fall sehr gefreut, Sie getroffen zu haben.“*

Ganz gleich, ob Sie damit Erfolg haben oder nicht: Wenn Sie das nicht tun, ist das Ergebnis definitiv negativ!

Sie haben nur die eine Chance. Nutzen Sie sie!

Keine Angst vor schönen Frauen!

Viele Männer verzichten grundsätzlich auf den Versuch, besonders attraktive Frauen kennenzulernen. Zu groß ist die Angst, dass man bei „so einer" ja ohnehin keine Chance hat und dass besonders gut aussehende Frauen auch nur auf attraktive gut situierte Männer stehen.

Diese Bedenken sind absolut verständlich und auch nachvollziehbar. Wer hat schon Lust, ein Risiko einzugehen, wenn er davon überzeugt ist, am Ende doch keine Chance zu haben und mit Sicherheit einen Korb zu bekommen? Wie so oft liegen aber auch bei diesem Thema die Wahrheit und das, was die meisten glauben, weit auseinander. Vielleicht rühren die Gerüchte von den unnahbaren schönen Frauen noch aus Schulzeiten her, wo es tatsächlich oft so war (und heute noch ist), dass die „Schönen" unter sich blieben.

Allerdings trifft das im Erwachsenenalter nicht mehr zu. Erwachsene Frauen beurteilen die Attraktivität eines Mannes oft nach anderen Kriterien als dem Aussehen. Dazu gehören zum Beispiel:

- Vertrauen
- Zuverlässigkeit
- Einfühlungsvermögen
- die Fähigkeit zuzuhören

Tatsächlich ist es sogar so, dass besonders attraktive Frauen mit viel Ausstrahlung darüber klagen, dass sich die „guten" Männer oft nicht für sie interessieren. (Oder sich einfach nicht trauen!) Stattdessen werden sie oft von Angebern und Blendern angesprochen, denen es im Grunde nur aus

Prinzip darum geht, eine besonders attraktive Frau herumzukriegen.

Sicher haben Sie sich selbst auch schon häufiger darüber gewundert, wie manche Männer an ihre attraktiven Partnerinnen kommen. Und das trifft ja nicht nur auf die Frauen von schwerreichen Filmstars oder Rockmusikern zu. Nein, wenn Sie einmal in einer typischen deutschen Fußgängerzone die vorbeiflanierenden Paare beobachten, werden Sie feststellen, dass viele gut aussehende Frauen einen Partner an ihrer Seite haben, der im Vergleich mit Ihnen aussieht wie ein Froschkönig vor dem Kuss!

Also, wenn eine Frau Sie wirklich interessiert, trauen Sie sich auch dann, wenn Sie subjektiv der Ansicht sind, sie sei „zu schön“ für Sie. Ihre Erfolgschancen stehen deutlich besser als Sie annehmen!

So sprechen Sie eine Frau erfolgreich an

Es gibt nicht die eine „richtige“ Art, eine Frau anzusprechen. Genauso wenig wie eine mit Erfolgsgarantie. Das macht die Sache aber ja eigentlich auch erst spannend. Wenn Sie sich an die folgenden Regeln halten, sind Sie auf jeden Fall „auf der sicheren Seite“. Sie machen damit nichts falsch und vermeiden typische Fehler.

Wir haben bereits auf den ersten Seiten des Buches darüber gesprochen: Jede Form von Anmach- oder Anbaggersprüchen ist tabu. Lassen Sie sich etwas Originelles einfallen oder geben Sie auch offen zu, dass Ihnen nichts eingefallen ist:

> *„Ich überlege schon die ganze Zeit, wie ich Dich/Sie ansprechen könnte. Mir fällt einfach nichts wirklich Geniales ein.“*

Wenn Ihnen wirklich gar nichts einfallen will, machen Sie es kurz und einfach:

> *„Entschuldigung, darf ich Sie ansprechen?“*

Das ist eine klare und einfache Frage. Ist die Frau interessiert, wird sie danach keine Probleme haben, einfach mit „Ja“ zu antworten.

Und für Mutige:

„Sie gefallen mir. Ich würde Sie gerne zu einem Kaffee einladen.“

Tipp: Nicht erschrecken!

Frauen sind manchmal ein wenig schreckhaft. Sie sollten es deshalb unbedingt vermeiden, sich einer Frau überraschend oder übertrieben schnell zu nähern. Nähern Sie sich einer Frau, die ansprechen wollen, niemals von hinten, zum Beispiel, um ihr auf die Schulter zu tippen. Das erschreckt die Frau und versetzt sie mit Sicherheit nicht in eine flirtfreundliche Stimmung. Zudem erscheint jemand, der uns erschreckt, gefährlich oder wirkt zumindest sofort unsympathisch.

Ganz wichtig: Das Wirgefühl

Es gibt einen kleinen psychologischen Trick, mit dessen Hilfe Sie ganz leicht die Sympathie eines Menschen gewinnen können. Dazu reicht es aus, zwischen Ihnen und dem anderen Menschen ein sogenanntes Wirgefühl zu erzeugen. Das Wirgefühl ist ein Gefühl der Zusammengehörigkeit. Sie machen den anderen dadurch zu einem Verbündeten, der Ihnen automatisch Sympathien entgegenbringt.

Um ein Wirgefühl zu erzeugen, muss man nur Gemeinsamkeiten in der aktuellen Situation finden. Es reicht schon, gemeinsam auf die gleiche Bahn zu warten oder in der gleichen Warteschlange zu stehen.

Es ist sogar besonders vorteilhaft, wenn es etwas gibt, über das man sich gemeinsam ärgern kann. So ist es erfahrungsgemäß viel einfacher mit jemandem ins Gespräch zu kommen, wenn beide sich zum Beispiel über die Verspätung eines Zuges beklagen, als dann, wenn es nichts zum Ärgern gibt. Auch das Wetter ist ein guter Einstieg in eine Wir-Unterhaltung. Insbesondere dann, wenn es besonders heiß, besonders kalt oder besonders regnerisch ist. Eigentlich immer, wenn es etwas gibt, über das man gemeinsam stöhnen kann.

So bleibt das Gespräch in Gang:

So, Sie haben es also geschafft, Ihre Traumfrau anzusprechen. Jetzt gilt es, das Gespräch in Gang zu halten. Denn, was nützt es, wenn Sie die Frau ansprechen, das Gespräch aber schon nach dem zweiten Satz versandet?

Die Zauberformel: Fragen stellen!

Und das sollten nicht irgendwelche Fragen sein. Besonders gut geeignet sind hier sogenannte **offene Fragen**. Also solche, auf die man nicht einfach mit Ja oder nein antwortet, sondern solche, die dem Gesprächspartner die Möglichkeit geben, mehr von sich zu erzählen. Offene Fragen beginnen in der Regel mit einem Fragewort (wie, warum, was ...).

Beispiele: Offene Fragen

„Was gefällt Ihnen besonders an ...?“

„Warum glauben Sie, dass ...?“

„Was würden Sie empfehlen?“

„Wie stellen Sie sich einen optimalen Partner vor?

„Was meinen Sie dazu?“

Der zweite Teil der Zauberformel: Interessiert zuhören!

Das bedeutet, nicht nur, dass Sie wirklich aufmerksam auf das hören, was Ihre Gesprächspartnerin zu sagen hat, sondern, dass Sie Ihr das auch zeigen. Dazu gehört es zum Beispiel, an den entsprechenden Stellen zu nicken, nachzufragen oder auch einmal etwas zu wiederholen, was Ihre Gesprächspartnerin sagt.

Vorsicht Ironie:

Vermeiden Sie in so einem ersten Flirt-Gespräch jede Form von Ironie oder mehrdeutigem Humor. Nicht jede(r) kann mit so etwas umgehen. Das gilt besonders für Gespräche mit einem fremden Menschen. Die meisten Gesprächspartner neigen in dieser Situation dazu, alles, was Sie sagen, für absolut ernst gemeint zu halten.

Natürlich sind auch alle komplizierten, komplexen oder kontroversen Themen für eine solche Unterhaltung ungeeignet. Vermeiden Sie alles, was zu einer Verschlechterung der Gesprächsstimmung führen könnte.

Meinungsumfrage

Ein guter Einstieg in ein Gespräch ist es, die Frau nach ihrer Meinung oder ihrem Rat zu fragen. Fragen Sie nach der Meinung oder bitten Sie um einen Rat bei Dingen, von denen Sie sicher sein können, dass die Frau darauf antworten und ihr Wissen präsentieren kann.

Beispiel 1: In der Parfümerie

> *„Entschuldigung, ich suche ein Geschenk für meine kleine Schwester. Wissen Sie vielleicht, welcher Duft bei den jungen Mädchen heute angesagt ist?“*
>
> *„Entschuldigung, kennen Sie diesen Duft? Ich suche etwas für meine Nichte und bin unsicher, ob das das Richtige für ein 16jähriges Mädchen ist.“*
>
> *„Ich kann mich nicht entscheiden. Welcher von diesen Düften wird meiner Nichte besser gefallen?“*

Vorsicht: Andere Frauen

Machen Sie klar, dass das Geschenk, das Buch oder das Parfüm für eine „unverdächtige" Verwandte gedacht ist. Keine interessierte Frau hat Lust, Ihnen einen Rat zu erteilen, wenn sie glaubt, dass Sie damit eine Konkurrentin erfreuen möchten. Die Hilfsbereitschaft ist übrigens höher, wenn Ihr Geschenk für ein Kind oder eine Jugendliche gedacht ist.

Beispiel 2: Fragen nach einer Meinung

Überstrapaziert aber immer noch gut:

> *„Wer lügt mehr, Männer oder Frauen?"*

Die „Wer lügt mehr"-Masche kursiert schon seit Jahren in den unterschiedlichsten Flirt-Ratgebern. Abgesehen davon, dass sie alles andere als originell ist, funktioniert sie aber oft erstaunlich gut.

Insbesondere wenn Sie eine Frau ansprechen wollen, die mit einer Gruppe von Freundinnen unterwegs ist, haben Sie mit dieser Frage sofort deren volle Aufmerksamkeit. So gut wie jede Frau hat zu dieser Frage etwas zu sagen. Sind mehrere Personen beteiligt, entwickelt sich oft ganz schnell ein lebhaftes Gespräch zwischen Menschen, die sich vorher noch gar nicht kannten.

Eine andere ideale Gelegenheit, um eine Frau nach ihrer Meinung zu fragen, ist beim Klamottenkauf. Wenn Sie als Mann allein unterwegs sind, wird jede Frau gerne bereit sein, Sie beim Kauf zu beraten. Fragen Sie einfach:

> *„Was meinen Sie, passt dieses T-Shirt zu meiner Hose?"*

> *„Kann ich diese Farbe tragen, oder bin ich zu alt dafür?"*

„Kann ich das im Büro tragen, oder ist dazu sehr casual?

Beispiel 3: Der Kreuzworträtsel-Trick

Ein Kreuzworträtsel in Bahn, Straßenbahn oder U-Bahn erleichtert das Ansprechen ungemein.

„Was könnte das sein? Liebe auf Italienisch mit 5 Buchstaben?"

Die Frage sollte natürlich so geschickt ausgewählt sein, dass die Befragte auch eine Chance hat, sie zu beantworten. Gleichzeitig darf sie natürlich nicht so simpel sein, dass die Dame den Eindruck bekommt, dass der Fragende minderbemittelt ist.

Ihre Erfolgschancen steigen übrigens, wenn es sich bei dem gesuchten Begriff um einen handelt, der bei der Frau positive oder romantische Assoziationen weckt.

Gut:

Magische Wirkung/Zauber mit 4 Buchstaben: *Bann*

Lagunenstadt mit 7 Buchstaben: *Venedig*

Zeitabschnitt im beginnenden Jahr: *Frühling*

Klavierstück Für …: *Elise*

Vielleicht ein bisschen zu dick aufgetragen, aber trotzdem gut:

Anderer Begriff für Leidenschaft mit 5 Buchstaben: *Liebe*

Liebe auf Italienisch: *Amore*

Beständigkeit in der Liebe: *Treue*

Fremdwort für abenteuerlich: *romantisch*

Schlecht:

Tierhaarprodukt mit 12 Buchstaben - *Rasierpinsel*

Eckzahn des Wildebers: *Hauer*

Rauschgift mit 6 Buchstaben: *Kokain*

Ganz schlecht:

Heiratsschwindler mit 8 Buchstaben: *Bigamist* ;-)

Natürlich sollten Sie für den Fall gewappnet sein, dass die Frau sagt: „Zeigen Sie mal her ...". In diesem Fall sollten Sie ganz schnell umschalten:

„Tatsächlich wollte ich Sie nur irgendwie ansprechen."

„Ist es sehr peinlich, wenn ich jetzt zugebe, dass ich nur einen Grund gesucht habe, um Sie anzusprechen?"

Wenn Sie das einigermaßen charmant hinbekommen, haben Sie schon gewonnen.

Eine Frau um Hilfe bitten

Eine der einfachsten Methoden, eine fremde Frau anzusprechen, besteht darin, sie einfach um Hilfe zu bitten. Das reicht vom simplen „Nach dem Weg fragen" bis zur Bitte mal kurz auf den eigenen kleinen Hund aufzupassen.Wenn es perfekt läuft, bietet Ihnen sogar eine Frau an, Sie zum Café, Restaurant oder Bar zu begleiten. Was liegt dann näher, als die Dame zum Dank auf einen Kaffee oder einen Drink einzuladen?

„Entschuldigung, können Sie mir vielleicht sagen, wie ich zum Hauptbahnhof komme?"

„Entschuldigung, wo kann man denn hier ganz in Ruhe

einen Kaffee trinken?“

„Entschuldigung, gibt es hier vielleicht in der Nähe ein gemütliches Restaurant?“

„Kannst du mir bitte mal kurz helfen?“

„Können Sie bitte einmal ganz kurz auf meinen Hund aufpassen?“

Ansprechen in der Straßenbahn

Ist das Ansprechen einer Frau in der Straßenbahn nicht das gleiche, wie an jedem anderen Ort? Die Antwort lautet ja und nein. Die Straßenbahn (und auch andere öffentliche Verkehrsmittel) bietet einige Vorteile, die es so nirgendwo anders gibt:

Vorteile von öffentlichen Verkehrsmitteln:

Langeweile

Die meisten Leute, die mit öffentlichen Verkehrsmitteln unterwegs sind, langweilen sich mehr oder weniger während der Fahrt. Oft lohnt es sich nicht, für eine kurze Strecke, damit zu beginnen ein Buch zu lesen oder gar das Notebook oder Tablet zu aktivieren. Aus diesem Grund sind Menschen in der Straßenbahn oft froh darüber, ein wenig Unterhaltung zu haben. Es ist also leichter und Erfolg versprechender, hier ein Gespräch zu beginnen.

Keine störende Begleitung

In öffentlichen Verkehrsmitteln sind naturgemäß häufig auch Frauen ohne Begleitung unterwegs. Sie müssen sich die Frau also nicht mit Freundinnen oder gar männlichen Begleitern „teilen“.

Ortsgebunden

Es ist viel einfacher, mit einer Frau, die bereits sitzt, ein Gespräch zu beginnen, als sie zum Beispiel in der Fußgängerzone erst zu stoppen und dann noch zum Stehenbleiben zu bewegen.

Dazu setzen

In öffentlichen Verkehrsmitteln ist es nicht peinlich oder ungewöhnlich, einen Sitzplatz neben oder gegenüber einer Frau zu wählen. Es macht allerdings schon einen besseren Eindruck, wenn Sie vorher kurz um Erlaubnis fragen:

„Darf ich mich zu Ihnen setzen?“

„Ist dieser Platz noch frei?“

etc.

Einfacher Gesprächseinstieg

Wenn man gemeinsam in einer Bahn unterwegs ist, bieten sich eine ganze Reihe von unverfänglichen Gesprächsthemen an. Im einfachsten Fall kann man fragen, an welcher Haltestelle man aussteigen oder umsteigen muss, um nach XY zu gelangen. Auch ein Gespräch darüber, wie voll oder verspätet die Bahn (wieder mal) ist, kommt leicht in Gang.

Sitzt man bereits nebeneinander oder gegenüber kann man auch sehr einfach die bereits besprochenen Tricks für den Gesprächseinstieg anwenden. Also zum Beispiel den Kreuzworträtseltrick. Ebenfalls eine gute Idee ist das Blättern in einem Reiseprospekt. Was liegt da näher als zu fragen: „Waren Sie schon einmal in XYZ?“ Und schon ist ein Gespräch im Gange.

Nach der Telefonnummer fragen

Das Fragen nach der Telefonnummer einer Frau ist ein kritischer Moment. Hier entscheidet sich, ähnlich wie bei der Frage nach einem Date, ob wir beim Ansprechen oder Flirten erfolgreich waren, oder nicht. Allerdings gibt es, wie Sie sehen werden, ein paar Tricks, mit der wir die Wahrscheinlichkeit erhöhen können, die Kontaktdaten einer Frau zu bekommen.

Tipp: Telefonnummer notieren

Eine Grundvoraussetzung dafür, die Telefonnummer einer Frau zu notieren, ist, etwas zum Schreiben dabei zu haben. Es gibt nichts Dümmeres, als eine Telefonnummer zu bekommen und sie dann nicht notieren zu können. Alternativ können Sie - wenn Sie das blind beherrschen - die Telefonnummer natürlich auch in Ihrem eigenen Handy speichern. Stilvoller und einfacher ist es aber, sie auf Papier zu notieren oder aufschreiben zu lassen.

So nicht!

Achtung: *„Ruf mich mal eben an, damit ich deine Nummer habe."* ist eine schlechte Methode. Es ist nicht nur völlig unromantisch, sondern sieht auch so aus, als wollten Sie sich noch nicht einmal die Mühe machen, die Nummer selbst zu notieren.

So erhöhen Sie Ihre Chancen:

1. Fragen Sie nicht nach der Telefonnummer, sondern nach der E-Mail-Adresse.

Erfahrungsgemäß sind die meisten Menschen viel eher bereit, die eigene E-Mail-Adresse weiterzugeben, als die eigene Telefonnummer. Wenn Sie es schaffen, per E-Mail einen Kontakt zu der Frau aufzubauen, ist es bis zum Erhalten der Telefonnummer nur noch ein vergleichsweise kleiner Schritt.

Es ist übrigens leichter, die E-Mail-Adresse zu bekommen, wenn Sie einen konkreten Anlass haben, die Frau per E-Mail zu kontaktieren. Oft ergeben sich im Gespräch Situationen, in denen es um den Austausch von Informationen geht. Bieten Sie dann einfach an, die gewünschte Information, Adresse, Telefonnummer etc. per E-Mail zu schicken.

2. Fragen Sie nicht nach der Telefonnummer, sondern danach, wie man in Kontakt bleiben kann.

Eine Frage wie *„Können wir irgendwie in Kontakt bleiben?"* wirkt viel weniger aufdringlich und bedrängend als die direkte Frage nach der Telefonnummer. Sie überlassen so der Frau die Entscheidung, ob und wie eine weitere Kontaktaufnahme stattfinden kann.

3. Geben Sie der Frau Ihre Telefonnummer

Verständlicherweise haben viele Frauen ein ungutes Gefühl dabei, einem fremden Mann ihre Telefonnummer zu geben. Jeder weiß, dass so etwas schon häufig zu Belästigungen bis hin zum Stalking geführt hat. Geben Sie der Frau stattdessen Ihre eigene Telefonnummer. Sie gehen damit zwar das Risiko ein, niemals angerufen zu werden, andererseits erhalten Sie aber eine kleine Chance, wo es sonst vielleicht gar keine gegeben hätte. Wegen der vergleichsweise geringen Erfolgsaussichten sollten Sie diese Alternative erst dann wählen, wenn 1 oder 2 nicht funktioniert haben.

Tipp: Visitenkarte

Für den Fall, dass es einmal ganz schnell gehen muss. (zum Beispiel wenn die Frau aus der Bahn aussteigen muss) sollten

Sie immer eine Visitenkarte griffbereit in der Tasche haben. Wenn die Zeit reicht, schreiben Sie noch schnell Ihre private Telefonnummer auf die Rückseite. So geben Sie der Frau (und sich) wenigstens die kleine Chance noch einmal Kontakt zueinander aufzunehmen.

Worst Case: Kontaktdaten vergessen oder verloren

Es ist schon vorgekommen, dass beim Flirten vergessen wurde, die Kontaktdaten auszutauschen, oder diese verloren wurden. Aber auch, wenn Sie gar nichts über die Frau wissen, gibt es jetzt noch Hoffnung. Vorausgesetzt, die Frau hat ebenfalls Interesse an Ihnen, können Sie Folgendes versuchen:

- Am nächsten Tag/Abend am gleichen Ort

Wenn Sie sich in einer Kneipe, in einer Bar oder einem Café kennengelernt haben, seien Sie am kommenden Tag zur gleichen Zeit wieder da. Wenn die Frau Sie wiedersehen möchte, ist es naheliegend, dass sie den Ort wieder aufsucht. Um alle Unwahrscheinlichkeiten auszuschließen, können Sie das am darauf folgenden Tag noch einmal wiederholen.

- In der nächsten Woche am gleichen Ort

Sollte das nicht zum Erfolg führen, seien Sie genau in einer Woche wieder am Ort des Kennenlernens. Vielleicht hat die Frau nur an diesem Tag oder Abend frei, oder sie hält sich grundsätzlich jeden Dienstag dort auf.

- Telefonnummer hinterlassen / mit Foto

Wenn Sie sich in einem Café, einer Bar oder einer Kneipe kennengelernt haben, hinterlassen Sie dort Ihre Telefonnummer. Am besten nehmen Sie dafür ein Foto von sich und schreiben auf die Rückseite, wen Sie wiedersehen möchten und Ihre Telefonnummer. Bitten Sie die Thekenbesatzung Ihre Nachricht weiterzugeben, wenn nach Ihnen gefragt wird. Wenn Sie sagen, worum es geht, sind die Menschen hinter der Theke sicher hilfsbereit.

In manchen Lokalen gibt es auch ein Schwarzes Brett, an dem Nachrichten hinterlassen werden können. Auch hier gilt: Foto nicht vergessen, denn wie soll die Frau sonst wissen, wer nach ihr sucht?

Jetzt kommt‘s drauf an: Nach einem Date fragen

Eins ist klar: Viele Männer würden lieber einen freiwilligen Besuch beim Zahnarzt absolvieren, als eine Frau nach einem Date zu fragen. Und das ist auch kein Wunder. An dieser entscheidenden Stelle zeigt sich meist endgültig, ob unser Charme und unsere Flirtbegabung ausreichend waren, um die nächste Stufe zu erklimmen.

Aber: Es gibt keine Alternative! So schwer es Ihnen auch fallen mag, um diese Frage kommen Sie nicht herum.

Schlagen Sie etwas vor, das sich aus dem Gespräch ergeben hat

Es ist viel einfacher, ein Treffen vorzuschlagen, wenn sich das Thema für eine gemeinsame Aktivität aus dem vorhergehenden Gespräch ergeben hat. Wenn Sie darüber gesprochen haben, dass sie beide gerne joggen, verabreden Sie sich zu einem gemeinsamen Lauf. Sind sie beide Hundebesitzer, schlagen Sie einen gemeinsamen Spaziergang mit den Vierbeinern vor.

Sie haben über Malerei gesprochen? Verabreden Sie sich zu einer Kunstausstellung. Filme? Gehen Sie gemeinsam ins Kino und anschließend etwas essen.

Im Grunde spielt es keine Rolle, was Sie vorschlagen. Wenn es etwas ist, das sie beide gleichermaßen interessiert, sind Ihre Chancen eindeutig besser. Dazu kommt, dass eine Verabredung zu einer gemeinsamen Aktivität sehr viel Spannung und Erwartungsdruck aus der Situation nimmt. Es ist eben viel zwangloser, sich zum gemeinsamen Radfahren zu verabreden als zu „einer Tasse Kaffee“ oder zum Essen.

Was tun mit einem „Vielleicht“?

Halten Sie der Frau zugute, dass Sie vielleicht einfach überrascht ist, oder Zeit zum Überlegen braucht. Es ist dann sehr, sehr wichtig nicht zu drängeln. Versuchen Sie nicht, in irgendeiner Form Druck zu machen. Akzeptieren Sie die Antwort, so wie sie ist. Ganz im Gegenteil: Sie können wichtige Sympathiepunkte erringen, wenn Sie Verständnis dafür äußern, dass die Frau sich nicht ad hoc entscheiden kann oder will.

Aber auch eine klare Absage an dieser Stelle ist keine Niederlage. Es ist für die Frau einfach nur ehrlich und vernünftig, an diesem Punkt klarzustellen, wenn nichts läuft. Das muss ja gar nichts mit Ihnen zu tun haben. Vielleicht ist sie einfach nur glücklich verheiratet, bereits verliebt oder hat andere Gründe, sich aktuell auf keine Beziehung einlassen zu wollen. Das zu akzeptieren, ohne sich selbst dabei schlecht zu fühlen, ist eigentlich nicht schwierig, oder?

So erhöht man die Chance auf ein Date

Die Wahrscheinlichkeit einer positiven Antwort kann man leicht erhöhen, wenn man die Art und Weise verändert, in der man die Frage stellt.

Grundsätzlich sind dabei sogenannte „offene Fragen“ weniger gut geeignet als „geschlossene Fragen“.Offene Fragen sind solche, bei denen der Befragte seine Antwort frei formulieren kann. Offene Fragen beginnen oft mit einem W-Wort (wie?, wann? wo? wie oft? etc.). Offene Fragen sind immer dann sinnvoll, wenn Sie ein Interesse daran haben, dass Ihr Gesprächspartner uneingeschränkt sprechen kann. Zum Beispiel dann, wenn Sie möglichst viel über jemanden erfahren möchten.

Bei einer geschlossenen Frage gibt es nur eine begrenzte Zahl von Antwortmöglichkeiten. Diese können im einfachsten Fall „ja“ oder „nein“ lauten.

„Kommen Sie häufiger hier her?"

„Darf ich Sie in der nächsten Woche einmal anrufen?"

Wenn es darum geht, zu einem Ergebnis zu kommen (zum Beispiel darum, ein Treffen zu vereinbaren), ist es besser Entscheidungsfragen zu stellen, bei denen sich Ihr Gesprächspartner für eine von zwei oder drei Optionen entscheiden muss.

Offene Frage: *„Wann darf ich Sie wieder anrufen?"*

Entscheidungsfrage: *„Wann passt es Ihnen besser? Am Mittwoch oder am Freitag?"*

Tipp:

Auch wenn Sie eine Absage erhalten, muss das nicht zwangsläufig bedeuten, dass Sie bei dieser Frau nie eine Chance bekommen. Vielleicht ändert sich ihr Beziehungsstatus irgendwann und sie erinnert sich an Sie. Wie gut wäre es dann, wenn sie Ihre Telefonnummer noch hätte.

Also, wenn Sie das Gefühl haben, dass Ihr Wunsch nach einem Date aus Gründen abgelehnt wurde, die nichts mit Ihnen persönlich zu tun haben, hinterlassen Sie auf jeden Fall Ihre Kontaktdaten. Am einfachsten in Form einer Visitenkarte, auf deren Rückseite Sie handschriftlich Ihre private Telefonnummer schreiben. Wenn nichts draus wird, sei's drum! Vielleicht ergibt sich aber doch noch einmal etwas ...

DAS PERFEKTE DATE

Es gibt kein Patentrezept und auch keine Garantie dafür, dass ein Date erfolgreich verläuft oder sogar perfekt wird. Es gibt aber eine Menge Dinge, die Mann bei einem Date richtig oder auch falsch machen kann. In den folgenden Kapiteln finden Sie viele Tipps und Tricks, die Ihnen dabei helfen werden, Ihr nächstes Date zu einem Erfolg werden zu lassen.

Gute Treffpunkte für ein Date

Schlagen Sie einen Treffpunkt vor, bestehen Sie aber nicht darauf, wenn die Frau einen anderen Ort vorschlägt. Womöglich fühlt die Frau sich an einem Ort, den sie bereits kennt, sicherer. Das sollten Sie zumindest für das oder die ersten Treffen akzeptieren.

Eine gute Idee ist es auch, einen Treffpunkt zu vereinbaren, den beide noch nicht kennen. Das verbindet und erzeugt automatisch ein wenig mehr Nähe. Alternativ kann man sich auch zunächst an einem Ort treffen, den zum Beispiel die Frau vorgeschlagen hat und dann später gemeinsam einen Ortswechsel vornehmen, um in eine Kneipe oder ein Café zu gehen, das beide noch nicht kennen.

Tipp: Aufregung erzeugt Sympathie!

Untersuchungen zeigen, dass die Sympathie zweier Menschen, die sich noch nicht kennen, umso größer ist, je aufregender und interessanter der Ort ist, an dem sie sich zum ersten Mal treffen.

Aus Angst wird Liebe:

In einem unglaublichen Experiment konnten Wissenschaftler nachweisen, dass die Wahrscheinlichkeit, dass sich ein Mann und eine Frau ineinander verlieben, deutlich steigt, wenn sich beide in einer aufregenden oder gar gefährlichen Situation kennenlernen.

In dem Experiment ließen die Forscher zufällig ausgewählte Männer und Frauen auf zwei verschiedenen Brücken aufeinandertreffen. Im ersten Fall handelte es sich um eine ganz normale, solide Brücke. Im zweiten Fall um eine schwankende, nicht besonders sicher erscheinende Hängebrücke. Das Ergebnis war eindeutig: Die Paare, die sich auf der unsicheren Brücke begegneten, entwickelten eine messbar größere Sympathie zueinander. Erklärt wurde dies unter anderem mit der vermehrten Ausschüttung von Adrenalin.

Um Ihre Erfolgschancen zu erhöhen, sollten Sie für Ihr Date also einen Treffpunkt auswählen, der - wenn schon nicht besonders gefährlich - so doch wenigstens interessant und vielleicht ein wenig aufregend sein sollte. So gemütlich ein gemeinsamer Abend in der eigenen Stammkneipe auch sein kann. Um die Sympathie Ihres Dates zu erwecken, sind aufregendere Orte besser geeignet.

Ein gutes Mittelding zwischen Abenteuer und langweiligem Herumsitzen im Café ist es, sich für den gemeinsamen Besuch eines Stadtfestes, einer Kirmes oder eines Weihnachtsmarktes zu verabreden. Dort gibt es in der Regel eine Menge zu sehen und zu besprechen. Ebenfalls gut geeignet sind bestimmte Ausflugsziele oder Sehenswürdigkeiten. So ist zum Beispiel ein Date in einem historischen Schloss viel romantischer als ein Treffen in einem langweiligen Café. Außerdem können sich beide Seiten hier natürlicher und entspannter zeigen, als im Café oder im Restaurant. Sie lernen hier Ihre Date-Partnerin auch schon ein wenig mehr von ihrer „Alltagsseite“ kennen.

Aktiv klappt‘s besser

Eine gute Idee ist es, sich für eine Aktivität zu verabreden. Zum Beispiel zum Wandern, Spazierengehen, Joggen oder Hunde ausführen. Man ist dann ungezwungener und sitzt sich nicht reglos gegenüber wie bei einer Prüfung oder beim Vorstellungsgespräch.

It ain‘t funny how we don‘t talk anymore ...

Wählen Sie für ein Date einen Ort, an dem man Gelegenheit hat, miteinander zu reden. Damit scheiden also Disco oder Klub (zu laut!), Kino, Theater etc. für ein Treffen aus.

Tipp: Notausstieg

Wählen Sie für das erste Date einen Ort, an dem man das Rendezvous auch problemlos abbrechen kann, wenn man feststellt, dass es absolut nicht funkt.

Es wäre als ungünstig, wenn man sich sofort für ein 5-Gänge-Menü im Restaurant verabredet und dann schon vor dem Aperitif festzustellen, dass man sich nichts zu sagen hat. Wenn Sie beim ersten Treffen mit Ihrem Date essen gehen wollen, treffen Sie sich doch einfach bereits eine Stunde vorher zu einem Drink. Wenn Sie beide dann feststellen, dass sie sich gar nichts zu sagen haben, können Sie das Essen einfach canceln und sind nicht gezwungen, noch 2 oder 3 weitere Stunden miteinander zu verbringen.

So läuft's beim ersten Date

Natürlich gelten alle schon im Kapitel Grundlagen genannten Regeln. Hier noch einmal die wichtigsten in Kürze:

- Sie erscheinen frisch geduscht zu Ihrem ersten Date
- Ihre Zähne sind geputzt und in einwandfreiem Zustand
- Gegen möglichen Mundgeruch haben Sie etwas unternommen
- Sie tragen absolut saubere Kleidung und saubere Schuhe
- Ihre Haare und Ihr Bart (sofern vorhanden) sind frisch gewaschen und sauber geschnitten
- Überflüssige Haare in Nase und Ohren sind restlos entfernt

Kein Stress!

Starten Sie frühzeitig zu Ihrem Date. Wenn Sie schon abgehetzt oder sogar zu spät erscheinen, macht das keinen guten Eindruck. Außerdem sind Sie sicher auch nicht in Bestform, wenn Sie schon genervt bei Ihrem Date eintreffen.

Keine übertriebenen Erwartungen

Viele erste Dates leiden darunter, dass einer oder beide Date-Partner einfach zu viel von so einem Treffen erwarten.

Das erste Date hat vor allem den Zweck, herauszufinden, ob es ein zweites Date geben wird.

Stellen Sie deshalb keine allzu hohen Erwartungen an das erste Date. Es muss keine Offenbarung sein, um gut zu werden. Es kann dann passieren, dass beide Teilnehmer total gehemmt sind, weil sie meinen, dass jeder Satz nicht nur auf die sprichwörtliche Goldwaage gelegt wird, sondern auch noch schicksalsentscheidend für den Fortgang der Beziehung ist.

Sehen Sie deshalb das erste Date nur als das, was es tatsächlich ist, nämlich ein erster Versuch, um zu testen, ob es sich lohnt, sich weitere Male zu treffen.

Je weniger hoch Sie Ihre Erwartungen schrauben, desto entspannter können Sie das Treffen genießen.

Seien Sie zufrieden, wenn Sie beim ersten Date eines oder mehrere der folgenden Ziele erreichen:

- Eine nette Unterhaltung führen
  Vielleicht sogar eine Spannende oder interessante? Das ist schon mehr als die meisten hinbekommen!
- Etwas aus dem Leben Ihrer Date-Partnerin erfahren
  Wenn ja, sind Sie auf einem guten Weg.
- Eine erneute Verabredung!
  Sehr gut. Sie haben alles richtig gemacht. Wäre die Frau nicht interessiert, würde es kein zweites Treffen geben.

Vorsicht: Zu viel Nähe

Ganz wichtig: Verzichten Sie beim ersten Date auf jede Art von übertriebener Nähe. Werden Sie auf keinen Fall aufdringlich! Ein Date ist (noch) keine Aufforderung zu irgendeiner Art von körperlicher Zuneigung.

Handy aus! Hier ist volle Konzentration gefragt

Konzentrieren Sie Ihre Aufmerksamkeit ausschließlich auf Ihre Date-Partnerin! Schalten Sie Ihr Handy aus oder stellen es zumindest auf „lautlos". Deaktivieren Sie auch den Vibrationsalarm. Nichts ist peinlicher, als ein Handy, das während des Dates in Ihrer Hosentasche oder auf dem Tisch rumort. Sollte das doch einmal passieren, drücken Sie den Anruf ohne aufs Handy zu schauen weg. Es muss klar sein, dass im Augenblick nichts wichtiger ist, als die Dame, mit der Sie verabredet sind.

Beim ersten Date etwas mitbringen?

Manche Männer meinen, beim ersten Date ein Geschenk oder Blumen für die Frau mitbringen zu müssen. Ich würde davon eher abraten. Zu leicht passiert es, dass die Frau sich durch das Geschenk unter Druck gesetzt fühlt.

Wenn Sie trotzdem gerne etwas mitbringen wollen, dann eine originelle Kleinigkeit von geringem materiellen Wert. Wichtig ist, dass die Frau das Mitbringsel annehmen kann, ohne sich in irgendeiner Weise verpflichtet zu fühlen. Suchen Sie etwas aus, das man auf den Schreibtisch stellen, oder an Pinnwand oder Kühlschranktür hängen kann. So wird sie immer an Sie denken, wenn ihr Blick darauf fällt.

Ach ja, kommen Sie nicht auf die Idee, einen Strauß Rosen mitzubringen! Wenn Ihr Date nicht mindestens schon 65 oder älter ist, kommt das nicht gut an.

Problemfall Wetter

Es ist erwiesen, dass das Wetter einen erheblichen Einfluss auf unsere Stimmung hat. Je nach Wetterlage sehen wir unsere Umwelt und unsere Mitmenschen mit ganz anderen Augen.

Für unser Date bedeutet das, dass:

- Sonnenschein ist gut

- Regen ist nicht so gut

Leider kann man hierzulande das Wetter nur selten für einige Tage im Voraus bestimmen. Wenn es doch möglich ist, sollten Sie das erste Date an einem Tag mit gutem Wetter stattfinden lassen. Sowohl Sie selbst als auch Ihre Date-Partnerin werden an einem solchen Tag bessere Laune haben und sich gegenseitig wohlwollender betrachten.

Auch die Erinnerung an das Treffen erscheint in einem angenehmeren Licht, wenn es bei schönem Wetter stattfindet.

Die richtige Begrüßung

Die Frage nach der richtigen Form der Begrüßung beim ersten Date ist nicht leicht zu beantworten. Ist ein Händedruck zu förmlich? Eine Umarmung zu intim? Wie sieht es aus mit Küsschen links und Küsschen rechts?

Ich will Sie hier nicht mit der unbefriedigenden Antwort stehen lassen, dass sich die passende Begrüßung schon in den ersten Sekunden des Treffens von selbst ergibt (obwohl es oft genauso ist). Sicher hängt der Grad der Förmlichkeit einer Begrüßung auch damit zusammen, ob man sich schon vor dem Treffen ein wenig kennengelernt hat, zum Beispiel beim Chatten oder beim Austausch von SMS- oder E-Mail-Nachrichten. Je intensiver und persönlicher eine solche Kommunikation schon stattgefunden hat, desto intimer darf auch die erste Begrüßung ausfallen.

Auch Äußerlichkeiten können Aufschluss darüber geben, welche Art von Begrüßung angebracht ist. Kommt Ihr Date in Freizeitklamotten und Turnschuhen zum Treffen, kann die Begrüßung in der Regel spontaner und persönlicher ausfallen, als wenn die Dame im kleinen Schwarzen mit Handtasche und Lackschuhen oder im Business Dress erscheint. Das Gleiche gilt natürlich auch für Sie selbst, wenn Sie im Anzug, Schlips und Kragen erscheinen, erwartet man von Ihnen eher einen Handschlag als eine Umarmung.

Handschlag

Das ist sicher eine sehr förmliche Begrüßung, die eher zu Geschäftspartnern als zu einem Date passt. Wenn Sie aber unsicher sind, kann ein Handschlag für das erste Mal OK sein. Achten Sie dann aber bitte darauf, keinen schlabbrigen Spaghetti-Griff anzubringen. Andererseits sollten Sie natürlich die Hand der Dame auch nicht zerquetschen.

Umarmung

Eine leichte Umarmung ist heute nicht mehr unbedingt ein Zeichen von großer Intimität. Gerade jüngere Menschen und alle, die wenig Wert auf formelles Verhalten legen, haben damit kein Problem.

Vorsicht ist geboten, wenn Sie merken, dass die Frau die Umarmung nicht erwidert, oder sich dagegen sperrt. In diesem Fall lassen Sie sofort los und murmeln eine kurze Entschuldigung.

Küsschen links und Küsschen rechts (Bussi-Bussi-Methode)

Ganz gleich, wie man zu dieser französischen oder russischen Begrüßung steht: Sie ist nun einmal auch bei uns recht weit verbreitet. Deshalb wäre es sicher unklug, sie zu verweigern. In der Regel ist sie verbunden mit einer kurzen Umarmung. Warten Sie in jedem Fall ab, wie die Frau reagiert, und versuchen Sie nicht, einseitig die Küsschen-Methode anzubringen.

Gar keine Berührung

Das ist sicher die schlechteste Wahl. Verschenkt man doch dadurch eine wichtige, weil Sympathie fördernde, Möglichkeit, einer ersten Berührung. Aber auch diese Art der Begrüßung kommt vor. Zum Beispiel dann, wenn beide Date-Partner sehr zurückhaltend oder schüchtern sind.

Nie vergessen: Lächeln!

Ganz gleich, zu welcher Art von Begrüßung Sie sich entschließen, oder welche sich spontan ergibt: In jedem Fall müssen Sie lächeln! Es hat schon Begrüßungen beim ersten Date gegeben, bei denen der Mann so verkniffen dreingeschaut hat, dass die Frau davon überzeugt war, ihn (optisch) total enttäuscht zu haben.

Zur Begrüßung sollten Sie in jedem Fall Ihrer Freude darüber, dass es zu dem Date gekommen ist, Ausdruck verleihen. Hat sich die Dame herausgeputzt, bietet sich hier die beste Gelegenheit, das wohlwollend oder bewundernd zur Kenntnis zu nehmen.

> *„Schön, dass es mit unserer Verabredung geklappt hat.“*

> *„Sie sehen bezaubernd/super/toll aus.“*

Daran anschließend können allgemeine und naheliegende Fragen kommen.

> *„Ich hoffe, Sie haben gut hierher gefunden.“*

> *„Ich hoffe, Sie haben problemlos einen Parkplatz gefunden.“*

Machen Sie schon bei der Begrüßung klar, dass Sie offen dafür sind, das Lokal zu wechseln. Zumindest sollten Sie das anbieten. Die Frau wird sich gleich wohler fühlen, wenn sie das Gefühl hat, das Setting mitbestimmen zu können.

> *„Gefällt es Ihnen hier? Möchten Sie vielleicht lieber woanders hingehen?“*

Ganz gleich, was Sie sagen, vergessen Sie nie, dass Ihre Hauptaufgabe darin besteht, dafür zu sorgen, dass sich die Frau gut und sicher fühlt.

Pünktlichkeit und Absagen

Dass Sie unter allen Umständen pünktlich zu Ihrer Verabredung erscheinen, ist eine Selbstverständlichkeit. Es gibt keine Ausnahme von dieser Regel!

Was ist, wenn im Stau stecke?

Neben Erdbeben und Atombombenabwurf gibt es so gut wie keine Ausreden, zu einem Date mit einer Frau zu spät zu kommen ;-)

Sollte das aber doch einmal passieren und Sie im Stau stecken oder einen anderen wichtigen Grund haben, den Termin nicht pünktlich einhalten zu können, gilt folgende Regel:

Rechtzeitig Bescheid sagen:

Für diesen Fall sollten Sie die Handynummer der Frau kennen und in Ihrem Handy gespeichert haben. Eiern Sie nicht lange herum. Sagen Sie klipp und klar, dass, warum und um wie viel Sie zu spät kommen. Die Frau kann dann selbst entscheiden, ob sie bereit ist, auf Sie zu warten.

Für den Fall, dass Sie keine Handynummer haben: Finden Sie die Telefonnummer des Cafés, der Bar oder des Restaurants heraus und rufen Sie dort an. Beschreiben Sie die Dame und bitten Sie die Bedienung, die Nachricht über Ihre Verspätung zu überbringen.

Was mache ich, wenn ich absagen will?

Für den Fall, dass Sie es sich nicht anders überlegt haben und immer noch an der Verabredung interessiert sind, kann ich Ihnen nur raten, nicht abzusagen! In nicht wenigen Fällen wird so eine Absage, noch vor dem ersten Date, dazu führen, dass Sie die Frau nie wiedersehen.

Es kann jedoch aus unterschiedlichen Gründen auch der Fall eintreten, dass Sie feststellen, dass Sie an dem Date generell nicht mehr interessiert sind. Vielleicht haben Sie in der Zwischenzeit eine andere Frau kennengelernt, oder Sie haben es sich einfach anders überlegt. Alles kein Problem, wenn Sie Ihr Date auf faire und ehrliche Weise rechtzeitig absagen.

Wenn Sie an der Frau nicht weiter interessiert sind, machen Sie das auch klar. Versuchen Sie nicht, sich die Sache durch viele „Vielleichts“ und „Eventuells“ leichter zu machen. Wenn Sie nicht mehr interessiert sind, wäre es unfair, die Frau in dem Glauben zu lassen, dass Sie sich in ein paar Tagen schon wieder melden werden. Gehen Sie in solchen Fällen so vor, wie Sie selbst auch behandelt werden möchten, wenn der umgekehrte Fall eintreten sollte.

Gute Gesprächsthemen für das erste Date

Es ist wichtig, Gesprächsthemen zu finden, zu denen beide gleichermaßen etwas beitragen können. Gut sind Themen, bei denen Gemeinsamkeiten zur Sprache kommen:

- Job
- Hobbys
- Haustiere
- Sport

Ebenfalls gut geeignet sind Themen, die per se gute Gefühle und Stimmungen vermitteln:

- Urlaube
- Wunschträume
- Pläne
- Erbrachte Leistungen
- Natur
- Kunst, Literatur, Film

Wenn Sie einen tieferen Einblick in die Vorstellungen und die Gedankenwelt Ihres Dates gewinnen wollen, bieten sich natürlich tiefschürfendere Themen an:

- Philosophie

Sie sollten es aber dabei nicht übertreiben. Wenn Sie Ihre Gesprächspartnerin mit komplizierten philosophischen Ausführungen auf dem falschen Fuß erwischen, erfahren Sie nichts über sie und erwecken gleichzeitig vielleicht noch den Eindruck ein vergeistigter Nerd zu sein.

Tipp: Offene Fragen

Gleich, welches Thema Sie anschneiden. Geben Sie Ihrer Gesprächspartnerin durch offene Fragen genügend Raum, um etwas von sich erzählen zu können. Vermeiden Sie vor allem, zu dozieren oder einen Monolog zu führen!

Welche Fragen sind erlaubt?

Das erste Date dient dazu, sich näher kennenzulernen. Von daher sind Fragen zu allen Themen erlaubt, über die Sie etwas möchten, bevor Sie sich auf eine Beziehung einlassen.

Natürlich ist es völlig legitim, sich nach der Lebenssituation der Frau zu erkundigen. Lebt sie allein, hat sie Kinder, ist sie womöglich noch verheiratet? Auch ganz praktische Dinge sollten geklärt werden. Wenn Sie überzeugter Nichtraucher sind, ist es nicht unwichtig zu erfahren, ob die Dame sich damit anfreunden kann, oder darauf, besteht, am Tag 3 Packungen Camel ohne Filter zu vernichten.

Sonderfall Sexfragen:

Stellen Sie beim ersten Date keine Fragen zu intimen Details wie zum Beispiel dem Sexleben Ihrer Date-Partnerin. Dazu gehören sowohl Fragen nach der Anzahl bisheriger Sexualpartner als auch nach sexuellen Vorlieben. Wenn es Ihnen um mehr geht, als nur um eine flüchtige, körperliche Beziehung, sollten Sie solche Fragen für einen späteren Zeitraum aufsparen.

Diese Gesprächsthemen müssen Sie vermeiden!

Es gibt Gesprächsthemen, die absolut zuverlässig als Flirtkiller wirken. Wenn Sie erfolgreich flirten wollen, sollten Sie also unbedingt wissen, welche das sind. Dazu zählen auf jeden Fall die Folgenden:

Die eigenen (Ex)-Partner

Wer mit einem Flirt- oder Date-Partner über den oder die Ex spricht, vermittelt den Eindruck, mit der vergangenen Beziehung noch nicht abgeschlossen zu haben oder - noch schlimmer! - kein wirkliches Interesse am aktuellen Gesprächspartner zu haben.

Vielleicht denkt Ihr Date auch, Sie soll nur als Ablenkung oder Ersatz herhalten, bis Sie Ihren Verlust überwunden haben. Es gibt im Grunde nur eine Ausnahmesituation. Nämlich dann, wenn Ihre Gesprächspartnerin ausdrücklich danach fragt. Aber auch dann geben Sie möglichst neutral Auskunft. Kommen Sie nie auf die Idee, sich bei Ihrer Gesprächspartnerin über Ihre Ex „auszuweinen" oder sich über sie zu beschweren!

Krankheiten

„Oh je, meine Bandscheiben!" Wer so in ein Date startet, muss sich nicht wundern, wenn das erste Treffen auch das letzte war. Keine Frau möchte einen Partner haben, der über seine Krankheiten jammert. Schließlich suchen Sie ja eine Partnerin und keine Krankenschwester.

Geld

Geld hat man, man redet nicht darüber ... ;-) ... nein, im Ernst: Geld ist kein Thema für ein erstes Date. Haben Sie genug davon, wirkt das schnell arrogant, oder so, als wollten Sie Frau damit beeindrucken oder kaufen. Haben Sie nicht viel Geld, sollten Sie auch das nicht beim ersten Treffen thematisieren. Sollten die materiellen Vorstellungen Ihrer Date-Partnerin stark von den Ihren abweichen, merken Sie das noch früh genug. In gar keinem Fall sollten Sie den Eindruck erwecken, Sie seien wohlhabend, wenn das gar nicht der Fall ist!

Die eigene Leidensgeschichte

Beim ersten Date sollen Sie sich von Ihrer besten Seite zeigen. Dazu gehört nicht, Ihre unglückliche Lebensgeschichte (falls Sie eine haben sollten). Vermeiden Sie in jedem Fall, sich selbst als Opfer oder als vom Leben ungerecht behandelt darzustellen. Beides macht auf Ihre Date-Partnerin einen denkbar schlechten Eindruck. Wer möchte schon jemanden kennenlernen, der einem etwas vorjammert?

Gewicht/Gewichtsprobleme

Über das Thema *Gewicht* wird bei einem Date nicht gesprochen. Weder über Ihr eigenes und erst recht nicht über das Ihrer Date-Partnerin! Überflüssige Pfunde werden entweder kommentarlos akzeptiert oder führen (insgeheim) zur Abwertung. Auf keinen Fall werden sie thematisiert.

Korrekturen und Vorhaltungen

Wenn Ihre Date-Partnerin irgendetwas nicht brauchen kann, dann ist es jemand, der sie korrigiert oder ihr Vorhaltungen macht. Äußerungen wie:

~~*„Es ist aber nicht gesund, so viel Zucker zu nehmen.“*~~

oder

~~*„Ich könnte ja keine toten Tiere essen.“*~~

führen fast zwangsläufig zur Disqualifizierung.

Zuhören ist (viel) wichtiger als reden

Das ist eine von den Regeln, die eigentlich jeder kennen sollte, die aber leider nur von den wenigsten beherzigt werden. Bei manchen ist es einfach die Nervosität, andere meinen, eine Frau damit beeindrucken zu können. Permanent selbst zu reden, ist aber ein absoluter Flirtkiller!

Zuhören, aber richtig!

Auch das richtige Zuhören will gelernt sein. Wer glaubt, dass Zuhören einfach darin besteht, selbst nicht zu reden, unterliegt einem Irrtum. Tatsächlich bedeutet richtiges Zuhören, sich gedanklich voll und ganz auf die Gesprächspartnerin einzulassen. Dazu gehört, dass Sie versuchen, ihre Gedankengänge nachzuvollziehen und sich ehrlich dafür interessieren, was sie sagt.

Zeigen Sie Ihrer Flirtpartnerin, dass Sie voll und ganz bei der Sache sind. Nicken Sie zustimmend oder schütteln Sie den Kopf bei entsprechenden Gesprächspassagen. Stellen Sie Fragen, die zeigen, dass Sie wirklich aufmerksam zugehört haben und sich ehrlich dafür interessieren, was Sie hören.

Ein typischer Fehler besteht darin, bereits eigene Gedanken oder Antworten im Kopf zu formulieren, während Ihre Gesprächspartnerin noch spricht. Auch wenn niemand Ihre Gedanken lesen kann, Ihre Flirtpartnerin bemerkt sofort, wenn Sie mit Ihren Gedanken mit etwas anderem beschäftigt sind, als ihr zuzuhören. Denken Sie über Ihre Antworten nach, wenn Sie mit dem Sprechen an der Reihe sind. Lassen Sie sich ruhig Zeit, um eine gute Antwort zu überlegen. Ihre Gesprächspartnerin wird es zu schätzen wissen, wenn Sie nachdenken, bevor Sie sprechen.

Zuhören heißt übrigens nicht gleichzeitig auch Gutheißen. Sie müssen nicht allem zustimmen, was Ihre Gesprächspartnerin sagt.

Keine Ablenkungen!

Natürlich ist die Beschäftigung mit dem Handy, also Anrufe entgegennehmen, SMS empfangen oder gar schreiben und auch jede andere Form von „Herumfummeln“ mit dem Smartphone absolut tabu!

Das gehört zum richtigen „aktiven“ Zuhören:

- Kurze Bestätigung bei Zustimmung
- Nachfragen bei Unklarheiten
- Regelmäßiger Blickkontakt

- Mitfühlen, sich in die Situation Ihrer Gesprächspartnerin versetzen
- Eine zum Erzählten passende Mimik
- Keine Nebenbeibeschäftigungen (Handy o.ä.)

Übrigens, wenn eine Frau beginnt, von sich zu erzählen, haben Sie bereits einen ganz wichtigen Schritt zum näheren Kennenlernen gemacht. Sie haben das Vertrauen der Frau gewonnen, und das ist schon mehr als nur ein gutes Zeichen.

Kein Streit, keine Diskussionen!

Es ist mehr als offensichtlich, dass man sich mit jemandem, dessen Zuneigung man gewinnen möchte, nicht streiten sollte. Erfahrungsberichte von Partnersuchenden zeigen allerdings, dass das nicht immer funktioniert. Insbesondere Männer fühlen sich schnell herausgefordert, wenn ihr Date Ansichten vertritt, denen sie sich nicht anschließen können oder wollen.

Es gibt für diesen Fall im Grunde nur zwei Optionen:

1. Es handelt sich um Nebensächlichkeiten oder um Themen, bei denen es nur um den persönlichen Geschmack geht. Wenn Ihre Gesprächspartnerin Popmusik liebt, während Sie selbst Metal-Fan sind, sollten Sie das einfach akzeptieren, ohne irgendwelche abwertenden Bemerkungen zu machen. (Ganz nebenbei: Die Zahl weiblicher Metal-Fans ist äußerst gering. Ihre Zielgruppe würde sich also sehr ungünstig verkleinern, wenn Sie darauf bestehen wollten.)
2. Wenn es sich um wesentliche Meinungsunterschiede oder Unterschiede in der Weltanschauung handelt, sollten Sie gut überlegen, ob es tatsächlich Sinn macht, eine Beziehung zu beginnen. Auch wenn solche unterschiedlichen Ansichten in

der ersten Begeisterung als „nicht so wichtig“ oder als überwindbar erscheinen, stellen sie in der Regel später eine ständige Quelle für Streit und Auseinandersetzungen dar.

Beispiele für Einstellungen, die gar nicht zusammenpassen:

- Vegetarier - Fleischesser
- Tierschützer - Pelzträgerin
- Streng gläubig - Atheist / Freigeist
- Politisch engagiert (links) - Politisch engagiert (rechts)
- Freiheit - Kinderwunsch
- Partygänger - Heimchen

Merke: Streit und romantische Gefühle passen nicht zusammen. Lassen Sie es also nicht wegen unwichtiger Dinge zu einer Auseinandersetzung kommen. Ein Streit verdirbt das schönste Rendezvous.

Niemals jammern oder klagen!

Das Gerücht, dass Frauen auf hilflose Männer stehen, denen sie dann mütterlich zur Seite stehen wollen, ist nicht totzukriegen. Tatsache ist, dass es tatsächlich einige Exemplare von dieser Spezies gibt. Das sind die Gleichen, die sich aufgrund ihres Helfersyndroms zum Beispiel auch gerne per Brieffreundschaft um Strafgefangene kümmern. Oder auch solche, die einen Ersatz für eigene Kinder suchen.

Doch ganz im Ernst: Sind das die Frauen, an denen Sie interessiert sind?

Für alle anderen gilt: Je unglücklicher, unzufriedener und hilfloser Sie selbst wirken, desto geringer wird das Interesse von Frauen an Ihnen als

Mann sein.

Schließlich wollen Sie ja eine Frau mit Ihrer Persönlichkeit und Ihren guten Eigenschaften erobern, und nicht, indem Sie ihr Mitleid erregen, oder?

Vorsicht Alkohol!

Es ist unbestritten: Eine Frau anzusprechen und mit ihr zu flirten erfordert von den meisten Männern nicht wenig Mut. Nur die wenigsten von uns sind darin wirklich routiniert. Die meisten sind dabei schon ziemlich nervös. Was liegt da näher, als die Anspannung mit Hilfe von ein paar Bierchen oder auch etwas Stärkerem zu reduzieren, und sich ein wenig Mut anzutrinken? Leider kann ich von diesem Hilfsmittel nur abraten. Es gibt für die meisten Frauen nichts Unangenehmeres, als wenn ihnen ein mehr oder weniger angetrunkener Mann mit Alkoholatem Liebesschwüre ins Ohr säuselt.

Nicht nur, dass Sie dadurch den Eindruck erwecken, es womöglich gar nicht ernst zu meinen. Nein, schlimmer ist für die meisten Frauen die Vorstellung, sich da womöglich einen Alkoholiker anzulachen. Diese Vorstellung ist für 99% aller Frauen ein absolutes Ausschlusskriterium.

Etwas anders ist es, wenn Sie gemeinsam mit anderen auf einer Party oder abends in Ihrer Lieblingsbar das ein oder andere Bier trinken. Aber auch dort wird Sie eine potenzielle Flirtpartnerin genau beobachten. Sollte sie den Eindruck bekommen, dass Sie mehr trinken, als gut für Sie ist, wirkt das mit Sicherheit negativ.

Call me when you‘re sober

Ein absolutes No go ist es, eine Frau im angetrunkenen oder gar betrunkenen Zustand anzusprechen. Wenn Sie es sich mit der Frau nicht für immer verscherzen möchten, verzichten Sie darauf und starten Sie einen erneuten Anlauf, wenn Sie nüchtern sind!

Und nur der Vollständigkeit halber:

Es kommt immer wieder vor, dass Männer meinen, sich in Gegenwart einer Frau nicht die Blöße geben zu dürfen, trotz Alkoholkonsums den Autoschlüssel abzugeben. Kommen Sie bitte niemals auf die Idee, sich alkoholisiert ans Steuer zu setzen! Das ist ohnehin schon eine sträfliche Dummheit. Ist aber eine Frau in der Nähe, die Sie beeindrucken wollen, versetzen Sie sich damit selbst den Todesstoß!

Durch ein vernünftiges „Fährst du? Ich habe schon etwas getrunken." oder „Ich rufe uns ein Taxi." machen Sie eindeutig einen besseren Eindruck. Keine Frau möchte einen Mann, der sie, sich selbst oder Dritte in Gefahr bringt, weil er meint, auch alkoholisiert noch „alles im Griff" zu haben.

Die Rechnung bitte ...

Umfragen zeigen, auch im Jahr 2013 geht noch jede vierte Frau davon aus, dass der Mann bei einem Date die Rechnung übernehmen sollte. Sie liegen also auf jeden Fall richtig, wenn Sie das zumindest anbieten. Natürlich sollten Sie nicht darauf bestehen. Spätestens bei der zweiten Ablehnung sollten Sie einer getrennten Rechnung ohne weiteren Kommentar zustimmen.

Ach ja, es soll in sehr seltenen Fällen auch vorkommen, dass eine Frau ihr männliches Date einladen möchte. Sollte es dafür keinen außergewöhnlichen Anlass geben (z. B. dass die Frau gerade im Lotto gewonnen hat ;-)), sollten Sie das natürlich ablehnen und zumindest Ihren Teil der Rechnung selbst begleichen.

Peinlich: Die Bedienung kommt mit der Rechnung und Sie winden sich hin und her und warten darauf, dass sie sagt „Getrennt bitte". Wenn Sie nicht sicher sind, ob es für Ihre Date-Partnerin in Ordnung ist, wenn Sie bezahlen, fragen Sie einfach:

„Ist es für dich/Sie OK, wenn ich/Sie Dich einlade?“

Sie kann dann einfach sagen, „Ja, danke!“, oder „Ich zahle selbst“. Im zweiten Fall sollten Sie auf keinen Fall im Restaurant oder Café beginnen, darüber zu diskutieren! Akzeptieren Sie die Entscheidung kommentarlos, so wie sie gefallen ist.

Sollte sich die Beziehung vertiefen und als dauerhaft herausstellen, werden die Karten ohnehin noch einmal neu gemischt. Sie können das Thema dann immer noch in einer ruhigen Minute diskutieren und eine Lösung finden, die für sie beide OK ist. Bei Paaren, bei denen beide ein eigenes Einkommen haben, ist es durchaus nicht ungewöhnlich, einfach abwechselnd die Rechnung zu übernehmen.

Ach ja: Die Frage nach den Zahlungsmodalitäten klärt man nicht, wenn die Bedienung bereits am Tisch steht und den Rechnungsblock gezückt hat, sondern vorher!

Stimmungskiller:

Ein echter Stimmungskiller ist das Herumgerechne, wer denn jetzt zwei Cola und den kleinen Salat, und wer das Wasser und die Vorsuppe hatte. Ebenfalls ein No go ist es, bei einem Date eine Bewirtungsquittung fürs Finanzamt anzufordern. Wer auf solche Ideen kommt, muss sich nicht wundern, wenn das erste Date auch das letzte war.

Geiz wirkt unattraktiv

Das bedeutet nicht, dass Sie mit dem Geld um sich werfen müssen. Ein angemessenes Trinkgeld für die Bedienung (in der Regel ca. 10% vom Rechnungsbetrag) sollten Sie aber ohne weiteren Kommentar springen lassen. Zeigen Sie sich generell großzügig, ohne verschwenderisch zu wirken. Großzügigkeit zahlt sich aus. Wer großzügig ist, wirkt sympathisch.

Nach Hause bringen: So wird's gemacht

Natürlich dürfen und sollten Sie der Frau anbieten, Sie nach Hause zu bringen, sofern sie nicht selbst mit dem Auto oder mit anderen Freunden unterwegs ist. In diesem Fall begleiten Sie die Dame auf jeden Fall bis zu ihrem Wagen, bis zum Taxi oder bis zur Straßenbahnhaltestelle. Dort bleiben Sie natürlich so lange bei ihr, bis ihre Bahn, ihr Taxi oder der Zug abfährt.

Wenn Sie die Dame mit dem Wagen nach Hause bringen, macht es einen guten Eindruck, sie noch bis zur Haustür zu begleiten und sie nicht etwa einfach aussteigen zu lassen und weiter zu fahren. Das gilt insbesondere nach Einbruch der Dunkelheit. Keine Frau mag es, allein im Dunkeln unterwegs zu sein.

Der berühmte „Kaffee“

Auch wenn es in jedem zweiten amerikanischen Spielfilm so ist, muss die Verabschiedung vor der Haustüre nicht zwangsläufig dazu führen, dass Sie noch „auf einen Kaffee“ zu ihr in die Wohnung oder ins Haus eingeladen werden. Wohlgemerkt, es „muss“ nicht so sein, kann aber durchaus passieren, insbesondere, wenn Sie bis dahin an diesem Abend alles richtig gemacht haben.

Aber auch, wenn es sich nicht so ergibt, sollten Sie keinesfalls darauf drängen. Die Entscheidung, ob Sie zu ihr nach Hause eingeladen werden, trifft die Frau ganz allein zu dem Zeitpunkt, an dem sie es für richtig hält. Wenn Sie hier anfangen zu drängeln oder zu quengeln, verspielen Sie wertvolles Vertrauen.

Tipp: Den eigenen Wagen auf Vordermann bringen

Nicht selten ergibt es sich, dass Ihr Date mit Ihnen gemeinsam in Ihrem Auto fährt. Zum Beispiel dann, wenn Sie die Dame nach Hause bringen oder auf dem Weg zu einem Restaurant.

Es ist nicht notwendig, mit einem Porsche vorzufahren, um einen guten

Eindruck zu machen. Ein verdreckter Innenraum, in dem noch die Überreste Ihres letzten Besuchs im Fast-Food-Restaurant herumliegen, geht allerdings gar nicht.

Für Frauen ist es wichtig, dass Ihr Wagen halbwegs sauber ist und im Innenraum keine unangenehmen Düfte zu riechen sind. Im schlechtesten Fall schließt die Frau aus dem Zustand Ihres Wagens auf Ihre generellen Vorstellungen von Sauberkeit und Körperpflege!

Entsorgen Sie also vor dem Date den Müll, Ihre verschwitzten Sportklamotten und die klamme Decke, auf der normalerweise Ihr Hund liegt.

Es gibt eine ganze Reihe von Mitteln und Maßnahmen, mit denen man den Innenraum eines Fahrzeugs wieder in eine angenehme Umgebung verwandeln kann. Duftbäumchen am Rückspiegel gehören übrigens nicht dazu. Die sind nicht nur ziemlich spießig, sondern geben häufig auch merkwürdige Düfte von sich, auf die Frau wahlweise mit Kopfschmerzen oder einer Allergie reagiert.

Je nach Zustand des Wagens kann es auch sinnvoll sein, diese Aufgabe in professionelle Hände abzugeben. Im Hinblick auf Ihren Erfolg bei Frauen ist das sicher eine sinnvolle Investition.

Richtig verabschieden

Leicht kann es passieren, dass ein Abend, der sehr harmonisch und vielversprechend verlaufen ist, zum Schluss doch versehentlich ruiniert wird. Damit Ihnen das nicht passiert, finden Sie im Folgenden alle wichtigen Regeln für eine korrekte Verabschiedung und einen perfekten Abschluss Ihres Dates.

Sag zum Abschied leise Servus ...

Es gibt unzählige psychologische Untersuchungen zu diesem Thema: Ganz gleich, was wir erleben, im Gedächtnis bleiben uns immer die letzten Minuten. Alles, was vorher passiert, ist zwar nicht völlig vergessen, spielt aber für unser Gedächtnis und vor allem für unser Gefühl eine weniger wichtige Rolle. Als Gesamteindruck behalten wir immer das im Gedächtnis, was ganz zum Schluss bei einem Ereignis passiert ist.

Aus diesem Grund ist es ganz besonders wichtig, den Abschluss eines romantischen Abends besonders gut hinzubekommen. Auf diese Weise erscheint für unsere Date-Partnerin der ganze Abend in einem positiveren Licht. Es ist so sogar möglich, Dinge, die im Verlauf des Abends schief gelaufen sind, zu relativieren und noch nachträglich zu „reparieren".

Zum Schluss ein Kompliment:

Bringen Sie beim Abschied zuletzt immer ein Kompliment an. Bedanken Sie sich für den schönen Abend und heben Sie noch einmal hervor, wie sehr Sie die Dame schätzen oder bewundern.

> *„Danke für den schönen Nachmittag. Es hat mir viel Spaß gemacht, mich mit Ihnen zu unterhalten"*
>
> *„Danke für die spannende Unterhaltung. Ich habe viele interessante Dinge gelernt."*
>
> *„Danke für das schöne Gespräch. Ich wusste bisher gar nicht, wie interessant … ist/sein kann"*
>
> *„Sie sind ein sehr freundlicher/liebenswerter/bemerkenswerter Mensch"*
>
> *„Sie sind eine tolle Frau!"*
>
> *„Das war ein wunderschöner Abend mit Ihnen …"*

Wenn Sie die Dame wiedersehen möchten, machen Sie das beim Abschied noch einmal deutlich:

„Ich mag Sie sehr gerne. Sie sind eine wunderbare Frau.“

„Ich würde Sie gerne bald wiedersehen.“

„Es war ein sehr schöner Abend. Ich würde mich freuen, wenn wir das bald noch einmal wiederholen könnten“

„Ich muss leider los, möchte Ihnen aber vorher noch sagen, dass ich Sie sehr mag.“

Das ist eindeutig, ohne kompromittierend zu sein. Ihrem Date gibt diese Bemerkung zum Abschied aber etwas Positives zum Nachdenken, quasi ein Kompliment für „auf den Weg“.

Erneut verabreden?

Insbesondere, wenn das Date gut gelaufen ist, liegt der Wunsch nahe, sich sofort für ein weiteres Treffen zu verabreden. Doch Vorsicht! Fangen Sie hier nicht an zu drängeln. Es ist durchaus OK, zu sagen, dass man einen schönen Abend hatte und den gerne bald wiederholen möchte. Wenn darauf aber keine (positive) Reaktion der Frau erfolgt, ist Abwarten angesagt.

Es ist in Ordnung, Interesse zu bekunden, es ist aber nicht klug, den Eindruck zu erwecken, als hinge Ihre Seligkeit davon ab.

Besser sind einfache Angebote:

„Was hältst du davon, wenn ich dich in nächsten Tagen mal anrufe?“

„Sollen wir morgen mal mailen?“

„Hast Du am Wochenende schon was vor?“

Ob es beim Abschied zum Händeschütteln, einer kurzen Umarmung oder einem Küsschen kommt, hängt natürlich davon ab, wie das Date gelaufen ist und wie nahe sie sich schon im eigentlichen wie auch im übertragenen Sinn gekommen sind.

Tipp: Vorsicht Kussattacke!

Manche Männer meinen, beim Abschied die letzte Gelegenheit für einen Kussversuch nutzen zu müssen. Das kann aber nur funktionieren, wenn der Abend bis zu diesem Zeitpunkt gut gelaufen ist und es auch bereits zu zärtlichen Berührungen gekommen ist. War das nicht der Fall, ist es keine gute Idee, nach einem körperlich distanzierten Abend beim Abschied plötzlich eine Kussattacke zu starten. Wenn es bereits zu einer Umarmung kommt, können Sie zunächst einen Versuch mit einem Kuss auf die Wange starten. Das ist für beide Seiten noch relativ unverfänglich. Der Übergang vom unverbindlichen, angedeuteten Kuss während einer französischen Verabschiedung, und einem zärtlichen Kuss auf die Wange, ist fließend. Handeln Sie dabei nach Ihrem Bauchgefühl

Was tun, wenn es gar nicht funkt?

Wir haben ja bereits mehrfach über den Fall gesprochen, wie man sich verhält, wenn man selbst bei einer Frau „abblitzt". Doch wie verhält man sich, wenn der umgekehrte Fall eintritt? Was tut man, wenn man merkt, dass es bei einem selbst nicht funkt? Oder noch komplizierter: Die Frau ist ernsthaft interessiert, man selbst merkt aber bereits beim ersten Date, dass man keine liebevollen Gefühle für sie entwickeln kann, oder will?

Grundsätzlich ist auch in diesem Fall Ehrlichkeit gefragt. Insbesondere, wenn Sie merken, dass die Frau ernsthafte Gefühle für Sie entwickelt, müssen Sie fairerweise die Notbremse ziehen. Auf keinem Fall sollte man Zuneigung oder Interesse vortäuschen, nur um sich der unangenehmen Aufgabe zu entziehen, Klartext zu reden.

Bei einem Flirt oder einem ersten Date muss immer für beide Seiten klar sein, dass es sich um einen Versuch handelt, der keinen von beiden in irgendeiner Weise verpflichtet. Beide Seiten müssen jederzeit das Recht haben, das Treffen abzubrechen oder zumindest klarzustellen, dass es keine gemeinsame Zukunft geben wird.

Spezialfall: Enttäuschung nach Online-Bekanntschaft

Manchmal ist es so, dass man seine Date-Partnerin beim ersten Treffen zum ersten Mal in natura sieht. Zum Beispiel dann, wenn man sich bis dahin per Foto online kennengelernt hat.

Leider kommt es manchmal vor, dass die Frau, die dann vor einem sitzt, nur eine entfernte oder gar keine Ähnlichkeit mit der hat, die auf dem Foto zu sehen war. Vielleicht war das Foto einfach schon alt und es bestand keine böse Absicht. Trotzdem ist es völlig legitim, klipp und klar zu sagen, was man denkt, wenn statt der „zierlichen Blondine“ plötzlich eine 100-Kilo-Frau mit schlecht gefärbtem, braunen Haar vor einem steht.

Frauen sind extrem wandlungsfähig und können je nach Haarfarbe, Frisur, Kleidung etc. unter Umständen schon mal ganz anders aussehen, als zu einem früheren Zeitpunkt. Wenn Sie feststellen, dass Sie sich mit dem unerwarteten Aussehen Ihrer Date-Partnerin absolut nicht anfreunden können, dürfen Sie das auch sagen. Vielleicht warten Sie aber auch erst einmal ab, wie sich der Abend entwickelt. Schließlich gab es ja wahrscheinlich während Ihrer Online-Bekanntschaft abgesehen von Äußeren auch ein paar „innere Werte“, die die Dame für Sie attraktiv erscheinen ließen.

Klartext ist auch per Mail oder SMS OK

Gerade wenn man feststellt, dass die Frau mehr Interesse an uns hat, als wir an ihr, kann es sehr unangenehm sein, ihr ins Gesicht zu sagen, dass wir nichts für sie empfinden.

In diesen Fällen ist aber auch absolut OK, wenn man nach dem Date per Telefon, SMS oder E-Mail auf höfliche Weise mitteilt, dass man nicht daran interessiert ist, den Kontakt zu vertiefen. Das ist dann unter Umständen für Ihre Flirtpartnerin enttäuschend. Es ist aber allemal besser, als sie im Unklaren zu lassen, sodass sie sich weitere unrealistische Hoffnungen macht.

Tricks für den frühzeitigen Abgang

Es gibt verschiedene Tricks, um ein Treffen vorzeitig abzubrechen, wenn Sie feststellen sollten, dass Sie es absolut nicht ertragen können, wenigstens für ein oder zwei „Anstandsstunden" durchzuhalten.

So kann man sich zum Beispiel zu einem bestimmten Zeitpunkt auf dem Handy anrufen lassen und dann einen wichtigen Termin vorschieben. Es gibt sogar spezielle Apps, die eigens für solche Gelegenheiten entwickelt wurden. Die App lässt dann Ihr Handy klingeln, sodass Sie behaupten können, einen wichtigen Anruf bekommen zu haben.

Tipp: Kein 5-Gänge-Menü

Da es beim ersten Date manchmal schon nach kurzer Zeit klar wird, dass man für den anderen nichts empfindet oder dass es einfach an gemeinsamen Interessen fehlt, empfiehlt es sich, dafür einen Ort zu wählen, an dem beide ohne Komplikationen jederzeit aufstehen und gehen können. Es ist also sinnvoller, sich in einem netten Lokal auf ein Bier zu verabreden, als im Sterne-Restaurant einen Tisch für ein 5 gängiges Menü zu reservieren.

Die „Ein-Drink Regel“:

Diese Regel kommt häufiger bei Date-Partnern zum Einsatz, die das Thema Kennenlernen schon ein wenig professioneller angehen. Man findet sie zum Beispiel manchmal bei routinierten Online-Datern, die sich regelmäßig mit potenziellen Partnern treffen. Die Regel besagt, dass man sich beim ersten Date grundsätzlich nur auf einen Drink trifft. Ist das Getränk ausgetrunken, beendet man das Date und beide Partner haben Gelegenheit, darüber nachzudenken, ob man sich zu einem zweiten Date verabreden möchte oder nicht.

Vorteil: Es gibt kein Herumlavieren, keine Ausreden, keine Entschuldigungen und keine Hinhaltetaktik.

Nachteil: Diese Art von professionellem Daten ist definitiv nicht besonders romantisch!

Wie auch immer Sie sich aus der Affäre ziehen, bleiben Sie dabei stets fair. Versetzen Sie sich in die Lage Ihrer Date-Partnerin und überlegen Sie, wie Sie selbst behandelt werden möchten, wenn Ihre Verabredung feststellt, dass Sie nicht ihr Typ sind.

Bleiben Sie in jedem Fall Gentleman. Lassen Sie eine Frau nicht einfach allein in einer Kneipe sitzen und sorgen Sie dafür, dass sie sicher nach Hause gelangt, falls sie nicht selbst mit dem PKW gekommen ist.

SO GEWINNT MAN FRAUENHERZEN

Männer denken häufig viel zu kompliziert, wenn es darum geht, einen guten Eindruck auf eine Frau zu machen, oder einfach deren Sympathie zu gewinnen. Dabei sind es oft die einfachsten Dinge, die den Unterschied zwischen Sympathie, Gleichgültigkeit oder gar Ablehnung ausmachen.

Die elementarste Grundregel lautet „Immer höflich und respektvoll sein!“

Behandeln Sie eine Frau einfach immer mit Wertschätzung und Respekt. Das macht Sie sympathischer als die kompliziertesten Verführungstricks. Seien Sie einfach immer ein wenig höflicher, freundlicher und zuvorkommender als nötig. Widmen Sie einer Frau, mit der Sie sprechen, Ihre ungeteilte Aufmerksamkeit. Zeigen Sie der Frau, dass sie in diesem Augenblick der wichtigste Mensch für Sie ist. Es gibt kaum etwas, das so viel Sympathie erweckt, wie die Aufmerksamkeit, die uns ein Mensch entgegenbringt.

Respektieren Sie immer die Wünsche der Frau. Insbesondere muss für sie beide zu jeden Zeitpunkt klar sein, dass die Frau entscheidet, wie es weiter geht. Akzeptieren Sie ein „Nein“ zu jedem Zeitpunkt ohne Wenn und Aber. Nur so kann die Frau Ihnen vertrauen und Sympathie für Sie entwickeln.

Zeigen Sie sich von Ihrer besten Seite. Wie das geht, haben Sie ja bereits in den ersten Kapiteln erfahren. Seien Sie optimistisch, gut gelaunt, locker und entspannt. Dann kann Ihnen keine Frau widerstehen!

Komplimente machen, aber richtig!

Jede Frau (und wahrscheinlich auch jeder Mann) freut sich darüber, ein ernst gemeintes Kompliment zu bekommen. Die Betonung hierbei liegt auf „ernst gemeint“. Damit scheiden alle billigen Standard-Komplimente aus. Mit einem einigermaßen intelligenten Kompliment können Sie bei jeder Frau punkten. In diesem Kapitel erfahren Sie, wie‘s geht.

Alleinstellungsmerkmal: Vermeiden Sie Standard-Komplimente

Es gibt eine ganze Reihe von überstrapazierten und langweiligen Standard-Komplimenten wie „Du hast wunderschöne Augen.“ oder „Du siehst wirklich umwerfend aus.“

Selbst wenn sie zutreffen, erscheinen diese Komplimente meist klischeehaft und wie auswendig gelernt. Es sind typische Standardkomplimente, wie es sie im Fernsehen und in schlechten Romanen zuhauf gibt. Aus diesem Grund haben sie auch im realen Leben nur selten die gewünschte Wirkung. Frauen, die wirklich gut aussehen, haben sie bereits tausendmal gehört und die anderen vermuten einen billigen Trick, mit dem Sie sich bei ihnen einschmeicheln, oder sie schlicht „rumkriegen“ wollen.

Viel besser wirken ganz individuelle Komplimente, die wie eigens für die tatsächliche Frau, die vor Ihnen sitzt, gemacht scheinen. Im Übrigen muss ein Kompliment auch nicht immer verbal erfolgen. Eine Mini-SMS oder ein PostIt-Zettel mit einem netten Kompliment zwischendurch sind origineller und machen oft mehr Eindruck.

Komplimente nicht nur fürs Aussehen machen!

Es muss ja auch nicht immer das Aussehen sein. Viele Frauen empfinden es als viel schmeichelhafter, wenn sie mal ein Kompliment für Ihren Humor, Ihre Intelligenz oder für eine bestimmte Leistung bekommen.

Indirekte Komplimente

Man kann ein Kompliment auch einmal anders, zum Beispiel indirekt formulieren. Zum Beispiel so: *„Alle Männer schauen Dir hinterher,* ich *glaube, ich werde gleich eifersüchtig."*

Schmeicheln, aber nicht lügen!

Machen Sie grundsätzlich nur Komplimente, die Sie auch ehrlich meinen, und vermeiden Sie maßlose Übertreibungen. Die meisten Frauen wissen sehr gut, dass sie nicht die „attraktivste Frau" sind, die Sie je gesehen haben. So ein „Kompliment" wirkt eher albern, oder wird gleich als „Baggerspruch" identifiziert.

Ein Kompliment muss ernsthaft vorgetragen werden

Vielen Männern fällt es mangels Übung schwer, ein ernst gemeintes Kompliment auch ernst vorzutragen. Dabei ist das äußerst wichtig. Vermeiden Sie jede Art von Flapsigkeit oder Theatralik, wenn Sie ein Kompliment machen.

Das klingt jetzt vielleicht nach Spaßbremse. Sie sollten das aber beherzigen, wenn Sie Erfolg haben wollen. Es ist nicht Peinliches daran, ganz geradeheraus zu sagen, was Ihnen an einer Frau gefällt. Durch den falschen Ton ist aber schon so manches gut gemeinte Kompliment ruiniert worden.

Die Dosierung macht‘s

Inflationär vorgebrachte Komplimente verfehlen ihre Wirkung! Auch wenn Sie die Frau noch so anhimmeln. Vermeiden Sie es, Komplimente im Minutentakt zu machen. Dir Wirkung nutzt sich sehr schnell ab und Ihre Komplimente wirken nicht mehr echt und ehrlich. Dazu kommt, dass es dann schon als Zeichen von schlechter Stimmung gilt, wenn Sie ausnahmsweise mal eine halbe Stunde lang keine Komplimente machen.

Stimmungsbarometer beachten!

Komplimente wirken nur gut, wenn sie in einer insgesamt positiven Stimmung ausgesprochen werden. Fällt Ihnen mitten in einem Streit oder während einer kontroversen Diskussion plötzlich ein, dass Ihre Gesprächspartnerin „wunderschöne Augen“ hat, kann das auch nach hinten losgehen. Unter Umständen wirkt ein Kompliment dann eher wie Spott. Oder Sie erwecken den Eindruck, von der sachlichen Diskussion ablenken zu wollen. Keine Frau mag es, wenn sie das Gefühl hat, dass der Mann glaubt, sie mit solchen „billigen“ Tricks besänftigen zu können.

Das gilt im Übrigen auch oder sogar besonders für Äußerungen wie

> *~~„Ich liebe es, wie deine Augen funkeln, wenn du wütend bist.“~~*

So etwas führt in der Regel dazu, dass die Frau erst recht sauer wird.

Das Alter: Ein heikles Thema

Nicht selten wird es vorkommen, dass eine Frau Sie darum bittet, ihr Alter zu schätzen. Und ohne darum herumreden zu wollen, Sie begeben sich dabei auf dünnes Eis!

Natürlich ist es selbstverständlich, dass Sie die Frau etwas jünger einschätzen, als sie tatsächlich auf Sie wirkt. Auf der anderen Seite sollten Sie dabei auch nicht übertreiben. Wenn Sie unsicher sind, schätzen Sie lieber ein wenig jünger als zu alt. Denn darauf reagiert jede Frau allergisch!

Gemeinsamkeiten finden

> **Gleich und Gleich gesellt sich gern, oder Gegensätze ziehen sich an. Was ist denn jetzt**

richtig?

Es gibt viele Meinungen und Untersuchungen zu diesem Thema. Und obwohl sich alle einig sind, dass eine gewisse Menge an Gegensätzlichkeit durchaus reizvoll sein kann, kommen letztlich alle zu dem Schluss, dass für eine harmonierende Beziehung die Menge an Gemeinsamkeiten doch ausschlaggebender ist.

Einige, bereits weiter oben erwähnte, Untersuchungen zeigen, dass das Finden oder Herstellen von Gemeinsamkeiten für die Entstehung von Sympathie elementar wichtig ist. Menschen, die sich einer Gruppe zugehörig fühlen, werden den anderen Mitgliedern dieser Gruppe immer mit mehr Sympathie begegnen als Außenstehenden.

Dabei spielt es keine Rolle, ob es bei der Gruppe um einen definierten Kreis von Menschen handelt, wie in einem Verein oder einer Partei, oder ob es sich lediglich um Menschen mit den gleichen Interessen oder Idealen handelt.

Um die Sympathien einer Frau zu wecken oder zu verstärken, ist es also wichtig, dass Sie möglichst bald einige Gemeinsamkeiten finden.

Gemeinsame Hobbys:

Wenn Sie und Ihre Date-Partnerin das gleiche Hobby haben, ist das so wie ein 6er im Lotto. Menschen, die die Begeisterung für ein Hobby teilen, mögen sich in der Regel schon per se. Zudem bietet ein gemeinsames Hobby Gesprächsstoff für viele Stunden und ist eine ideale Grundlage für die Planung gemeinsamer Aktivitäten. Manche Hobbys sind darüber hinaus auch so zeitintensiv oder greifen so stark ins Alltagsleben ein, dass ein Zusammenleben im Grunde ohnehin nur mit jemandem möglich ist, der das Hobby teilt oder zumindest toleriert. Hobbys wie Reiten, Hundesport, Tauchen oder Kite-Surfen lassen sich kaum mit einem Partner pflegen, der an diesen Dingen überhaupt kein Interesse hat.

Gemeinsame Interessen:

Es müssen aber auch nicht unbedingt gemeinsame Hobbys sein. Auch wenn sich zwei Musikfreunde oder Filmbegeisterte treffen, stimmt die Chemie meistens. Das Gleiche gilt für Menschen, die gerne lesen, kochen oder reisen. Im Grunde spielt das Thema keine Rolle, wichtig ist, dass Sie im Gespräch mit Ihrer Date-Partnerin Dinge finden, die sie beide mögen oder auch nicht mögen.

Gemeinsamkeiten, die immer funktionieren:

Wenn sich im Gespräch spontan partout keine gemeinsamen Interessen herausstellen wollen, kann man immer noch auf Allgemeinplätze ausweichen. Aus psychologischer Perspektive funktioniert nämlich auch das gemeinsame Jammern über das schlechte Wetter, die Verspätungen der Bahn oder die zu hohen Steuern als Sympathiebringer. Ob das allerdings für eine dauerhafte Beziehung ausreichend ist, darf bezweifelt werden. Für einen Einstieg, oder um sich nach dem ersten Ansprechen überhaupt erst einmal ein Date zu erarbeiten, ist es aber OK.

Aufmerksam sein

Aufmerksam sein hat zwei ganz unterschiedliche Bedeutungen. Beide sind für unsere Bemühungen um die Zuneigung einer Frau wichtig.

1. Aufmerksamkeit im Sinne von Höflichkeit

Wie bereits weiter oben bemerkt, ist Höflichkeit alles andere als out. Interessanterweise haben Umfragen gezeigt, dass sich auch Frauen, die angeben, dass ihnen Höflichkeit nicht sehr wichtig sei, von einem besonders höflichen Verhalten eines Mannes beeindruckt zeigen.

Ein extremes, und heute tatsächlich nicht mehr ganz zeitgemäßes, Beispiel dafür ist der Handkuss. Während die meisten Frauen angaben, einen Handkuss für völlig antiquiert zu halten, fühlten sich doch viele geschmeichelt, wenn ein Mann in einer passenden Situation zu dieser alten Höflichkeitsbezeugung griff.

Weniger antiquiert, dafür aber insbesondere bei emanzipierten Frauen nicht ganz unumstritten, ist zum Beispiel das Aufhalten einer Tür für eine Frau oder ihr in den Mantel zu helfen. Aber auch hier sind die Reaktionen in der Regel positiv. Und wenn eine Frau es absolut nicht möchte, dass Sie Ihr in den Mantel helfen, dann wird sie es schon sagen und Sie können sich dann daran halten.

Möglichkeiten für höfliche Aufmerksamkeiten dieser Art gibt es zuhauf. Ganz gleich, ob Sie einer Frau am Buffet den Vortritt lassen, ihr etwas zu trinken bringen oder ihr Ihre Jacke anbieten, wenn sie friert. Jede einzelne dieser Aufmerksamkeiten macht Sie in den Augen der Frau zu einem Kavalier und bringt Ihnen Sympathiepunkte ein.

2. Aufmerksamkeit im Sinne von Zuhören

Aufmerksamkeit ist das schönste Kompliment. Ja, einer Frau Ihre volle Aufmerksamkeit zu schenken, ist mehr wert als ein ganzer Sack voller Komplimente!

Dabei besteht das aufmerksame Zuhören nicht einfach darin, selbst den Mund zu halten. Vielmehr geht es darum, aktiv zuzuhören, an den richtigen Stellen zuzustimmen oder auch nachzufragen, wenn man nicht ganz sicher ist, etwas richtig verstanden zu haben.

Natürlich gehört zum aufmerksam Sein auch, dass man das Handy und alle anderen Störquellen deaktiviert. Wenn Sie mit einer Frau zu einem Date verabredet sind, dann sollte es für Sie währenddessen nichts Interessanteres geben, als diese Frau und das, was sie sagt. Kaum etwas wirkt sympathischer und kann Frauen mehr bezaubern, als wenn Sie ihr Ihre komplette Aufmerksamkeit schenken.

Hören Sie aufmerksam zu, fokussieren Sie sich voll und ganz auf das, was die Frau sagt. Die Frau merkt sofort, wenn Sie mit Ihren Gedanken nicht bei der Sache sind. Viele Menschen machen zum Beispiel den Fehler, bereits im Kopf eine Antwort zu formulieren, während der andere noch spricht. Und auch ohne Gedanken lesen zu können, bemerkt eine Gesprächspartnerin das sofort. Das hat unter anderem etwas damit zu tun, dass die Augen den Gesprächspartner nicht richtig fokussieren können, wenn wir, statt zuzuhören, eigene Gedanken wälzen. Der Gesprächspartner spürt dann, ohne es begründen zu können, dass sein Gegenüber nicht „bei der Sache" ist.

Versuchen Sie sich in das Gesagte hineinzudenken. Insbesondere, wenn die Frau über Dinge spricht, die ihr wichtig sind, oder die ihr auf der Seele liegen. Versuchen Sie, genau zu verstehen, worum es geht und welche Gefühle dabei eine Rolle spielen.

Für Fortgeschrittene:

Ein in der klientenzentrierten Psychotherapie eingesetztes Verfahren ist das Spiegeln dessen, was ein Gesprächspartner uns sagt. Vereinfacht ausgedrückt wiederholen Sie dabei das, was Ihre Gesprächspartnerin Ihnen mitteilt, mit <u>anderen</u> Worten.

Das Verfahren ist kein billiger Trick, um jemanden zu manipulieren. Vielmehr können Sie auf diese Weise zum Beispiel sehr einfühlsam prüfen, ob Sie Ihre Gesprächspartnerin richtig verstanden haben. Gleichzeitig wirkt das Spiegeln auch vertrauensfördernd. Voraussetzung ist allerdings, dass es richtig gemacht wird. Auf einer weniger professionellen Ebene eignet sich die Methode aber auch für den Privatbereich. Man braucht dafür allerdings ein wenig Fingerspitzengefühl.

Spieglein, Spieglein an der Wand ...

Verschiedene psychologische Untersuchungen haben es gezeigt: Menschen, die sich sympathisch sind, tendieren dazu, die jeweilige Körperhaltung des anderen zu spiegeln. Das heißt, wenn in einem Gespräch der eine Teilnehmer die Beine übereinanderschlägt, macht das der andere auch. Lehnt sich der eine vor, tut es ihm der andere gleich. Meist ist es so, dass einer von beiden die Bewegungen vorgibt und der andere sie nachmacht. In der Regel geschieht dies gänzlich unterbewusst. Keiner von beiden weiß, dass es passiert.

Andere Untersuchungen haben gezeigt, dass auch der umgekehrte Vorgang möglich ist. Das heißt, nicht nur Sympathie führt zum Spiegeln, sondern das Spiegeln kann auch zu mehr Sympathie führen. So zeigt es sich, dass uns Menschen, die die gleiche oder eine ähnliche Körperhaltung einnehmen wie wir selbst, deutlich sympathischer sind als andere.

Sie können das bei einem Date für sich nutzen. Ahmen Sie unauffällig die Körperhaltung Ihrer Date-Partnerin nach. Beugt sich die Frau vor, tun Sie das auch. Lehnt sie sich zurück, machen Sie das ebenfalls. Greift Sie zu ihrem Glas, greifen Sie zu Ihrem. Das funktioniert auch mit Aktionen, die denen Ihrer Gesprächspartnerin nur ähnlich sind. Spielt sie zum Beispiel mit ihrem Feuerzeug, nehmen Sie stattdessen den Schlüsselbund und so weiter.

Vorsicht: Nicht übertreiben!

Natürlich dürfen Sie es auch nicht übertreiben. Bemerkt Ihr Date, was Sie da machen, kann das auch den gegenteiligen Effekt haben. Sie erwecken dann vielleicht den Eindruck als wollten Sie sich über sie lustig machen. Oder - wenn Ihre Flirtpartnerin diesen Trick auch kennt - dass Sie sie mit so einem „billigen“ Trick herumkriegen wollen, ohne wirkliche Gefühle für sie zu empfinden.

Schau mir in die Augen Kleines ...

Wir haben es im Kapitel „Liebe auf den ersten Blick“ schon ausführlich besprochen: Blickkontakt erzeugt Sympathie. Kein anderes Mittel der nonverbalen Kommunikation transportiert mehr Emotionen. Kein anderes Mittel ist für die Kommunikation und die Bewertung dessen, was gesagt wird, wichtiger als der Augenkontakt.

Die ganze Palette von Emotionen wie Liebe, Angst, Traurigkeit aber auch Aggression kann über den Blickkontakt transportiert werden. Mit den Augen können sogar eindeutig erotische Botschaften gesendet werden, ohne dass dazu weitere Worte oder Gesten notwendig wären. Das funktioniert zum Beispiel mit dem oft erwähnten „Schlafzimmerblick".

Wie Wissenschaftler im Wissenschaftsmagazin „Nature" berichten, spielt der direkte Blick ins Auge bei der Aufnahme und bei der Einordnung sozialer Kontakte eine entscheidende Rolle. Ein intelligenter und wacher Blick, der dem Blick des Betrachters nicht ausweicht, deutet auf Gesundheit, Stärke und andere wichtige Eigenschaften hin, die für die Partnerwahl eine wichtige Rolle spielen.

Zwischen Liebenden ist der Blickkontakt besonders intensiv und häufig. Der amerikanische Psychologe, Zick Rubin, hat genau nachgemessen: Verliebte schauen sich während eines Gesprächs 75% der Zeit an, andere nur 30 - 60 %.

Und der Effekt wirkt auch umgekehrt!

Je häufiger Sie den Blickkontakt mit Ihrer Date-Partnerin suchen, desto besser. Humphrey Bogart wusste genau, was er mit „Schau mir in die Augen, Kleines!" bei Ingrid Bergmann in *Casablanca* erreichen konnte. Wenn Sie es richtig machen, wird es bestimmt auch für Sie und Ihre Flirt-Partnerin der „Beginn einer wunderbaren Freundschaft"!

Erfolgreich mit SMS und Chat

Tipp: Mit SMS und Chat schneller zum Ziel

Bei einer Umfrage der US-Magazine „Shape" und „Men's Health" stellte sich heraus, dass Frauen, die mit Ihren Flirt-

Partnern in regelmäßigem SMS und Chat Kontakt standen, viel früher bereit waren, sich auf eine sexuelle Beziehung einzulassen, als andere.
Die Ursache besteht offenbar darin, dass durch den regelmäßigen Austausch von Nachrichten, subjektiv der Eindruck entsteht, man kenne sich schon viel besser oder auch länger, als es tatsächlich der Fall ist.

Wenn Sie also bisher noch nicht zu den routinierten Chattern und SMS-Schreibern gehören, wird es höchste Zeit, das zu ändern. Dazu gehört auch, dass Sie in der Lage sind, Nachrichten mittels Handy oder Smartphone halbwegs zügig beantworten zu können. Frauen erwarten, dass eine verschickte SMS mehr oder weniger umgehend beantwortet wird.

Sollten Sie also morgens während eines Meetings eine Nachricht Ihrer Flirt-Partnerin erhalten, wäre es sinnvoll, nicht bis zum Feierabend damit warten, um diese zu beantworten. Je länger es dauert, bis Sie Ihre Antwort schicken, desto weniger interessiert wirken Sie.

Der Austausch von Nachrichten per SMS oder E-Mail bietet auch noch weitere Möglichkeiten. Gerade, wenn Sie zu den Menschen gehören, denen die besten Ideen und Formulierungen immer erst nach dem Date einfallen, können Sie mit Textnachrichten punkten. Sie haben dann ausreichend Zeit, zu formulieren, was Sie wirklich sagen wollen. Vielen Menschen fällt es auch leichter, die eigenen Gefühle in geschriebene Worte zu fassen als sie der Flirt-Partnerin direkt mitzuteilen. Auch ein kurzes Kompliment oder einfach ein netter Satz zwischendurch per SMS verfehlen ihre Wirkung nie.

Damit Sie mit Ihrem Date in einen Chat-Kontakt treten können, müssen Sie natürlich im gleichen sozialen Netzwerk angemeldet sein, wie sie. Als gemeinsame Grundlage bietet sich in der Regel Facebook an, da mittlerweile so gut wie jede/r dort einen Account hat. Wenn Ihre Traumfrau in einem anderen Netzwerk unterwegs ist, sollten Sie dort natürlich ebenfalls ein Konto einrichten, um zu jeder Tages- und Nachtzeit mit ihr kommunizieren zu können.

Tipp: Aufpassen bei Facebook

Bei Facebook kann es relativ leicht passieren, dass Sie eine Nachricht vertraulichen Inhalts versehentlich in den öffentlich sichtbaren Bereich Ihrer Flirt-Partnerin posten. Das ist natürlich sehr peinlich für Sie und die Frau.

Wenn Sie also bisher nur wenig Übung im Umgang mit Facebook hatten, sollten Sie sich genau anschauen, wie das Versenden und Empfangen privater Nachrichten funktioniert.

Achtung: Rächtschreipung!

Klar, in SMS oder beim Chatten muss es manchmal schnell gehen und man kann nicht jedes getippte Wort durch die Rechtschreibprüfung laufen lassen.

Aber: Wenn Sie immer wieder die gleichen Rechtschreibfehler machen, merkt irgendwann auch die Empfängerin, dass es da wohl ein grundlegendes Problem gibt.

Und machen wir uns nichts vor: Wenn eine Chat-Partnerin intelligent genug ist, um die Rechtschreibfehler eines Mannes als solche zu erkennen, macht der damit einen denkbar schlechten Eindruck. Ganz gleich, ob es tatsächlich der Fall ist, oder nicht. Jemand der die korrekte Schreibung der deutschen Sprache nicht beherrscht, wirkt zwangläufig weniger intelligent, oder doch zumindest ungebildet. Beides Eigenschaften, auf die Frauen nicht besonders stehen. Es lohnt sich also, hier ein wenig Sorgfalt walten zu lassen. Und, wenn Sie unsicher sind: Auf www.duden.de können Sie auch online blitzschnell die korrekte Schreibung eines Wortes recherchieren.

BERÜHRUNGEN: DER ERSTE KUSS UND MEHR ...

Nach dem Ansprechen und dem Fragen nach dem ersten Date ist der erste Kuss eine weitere große Hürde auf dem Weg zur Eroberung einer Frau. Dabei ist das Ganze im Grunde gar nicht so schwierig, denn wir dürfen nicht vergessen, dass der erste Kuss nicht nur von uns Männern herbeigesehnt wird. Sind Sie einer Frau sympathisch und haben bis hierher alles richtig gemacht, möchte die Frau den ersten Kuss genauso sehr wie Sie selbst. Entgegen vielen Klischees sind es nämlich nicht nur wir Männer, die sich nach körperlicher Nähe sehnen.

Allerdings haben die Frauen es auch hier wieder ein wenig leichter. Von ihnen wird nicht erwartet, dass sie selbst aktiv werden, um einen Kuss oder weitergehende Intimitäten herbeizuführen. Hier sind wieder einmal wir Männer gefragt. Auf den folgenden Seiten erfahren Sie, wie Sie vorgehen sollten, damit die ersten Berührungen und der erste Kuss zu einem Erfolgserlebnis werden, aus dem sich später dann auch mehr ergeben kann.

Berührungen - Jetzt wird‘s ernst!

Beim Thema „Berührungen“ ist im eigentlichen, wie auch im übertragenen, Sinn Fingerspitzengefühl gefordert. Eine einfühlsame Berührung zur richtigen Zeit kann Ihnen eine Menge Sympathiepunkte einbringen. Umgekehrt kann unsensibles Grapschen oder „Befummeln“ all Ihre Chancen innerhalb von Sekunden zunichtemachen.

(Die richtigen) Berührungen machen sympathisch.

Das haben Forscher in vielen unterschiedlichen Studien herausgefunden. So konnte gezeigt werden, dass Bedienungen in einem Restaurant deutlich mehr Trinkgeld erhielten, wenn Sie ihre Kunden während des Servierens auch nur kurz am Arm berührten.

Andere Untersuchungen zeigen, dass Menschen andere Personen als deutlich sympathischer einschätzen, wenn sie vor der Befragung von diesen scheinbar „zufällig“ kurz berührt wurden.

Diese Fehler sollten Sie vermeiden:

Niemals festhalten

Eine Frau gegen ihren Willen festzuhalten (auch im Spaß!) ist ein absolutes Tabu! Ein Mann wirkt dadurch nicht nur unsensibel, sondern auch brutal und möglicherweise gewalttätig. Jede Frau, die all ihre Sinne beieinanderhat, wird danach sofort die Flucht ergreifen und jeden weiteren Kontakt ablehnen. Vergessen Sie nie: Nicht alle Männer sind so nette Typen wie Sie und ich. Viele Frauen haben bereits schlimme Erfahrungen mit gewalttätigen Männern gemacht. Vermeiden Sie also alles, was so aussieht, als würden Sie Ihre kräftemäßige Überlegenheit ausnutzen.

Nie Grapschen

Als „Grapschen“ bezeichnet man jedes plötzliche und oftmals ungezielte Greifen. Vermeiden Sie generell alle überraschenden Berührungen. Die können eine Frau gerade in der Kennenlernphase möglicherweise erschrecken, womit Sie sich einen denkbar schlechten Dienst erweisen würden.

Nie besitzergreifend anfassen

Solange es noch nicht zu einer von beiden Seiten gewünschten Beziehung gekommen ist, sollten Sie Berührungen vermeiden, die besitzergreifend wirken könnten. Dazu gehört zum Beispiel das Festhalten der Hand oder, den Arm ungefragt um die Schultern der Frau zu legen. Das gilt in noch stärkerem Maße im Beisein Dritter.

Erste Berührungen nie im Beisein anderer

Bei den ersten Berührungen müssen Sie der Frau immer die Chance geben, die Berührung zurückzuweisen, ohne dass es für sie peinlich ist. Das wäre zum Beispiel der Fall, wenn weitere Personen anwesend sind. Dabei spielt es keine Rolle, ob es sich dabei um Ihre Freunde, um die der Frau, oder auch um Fremde handelt. Die Frau kann sich dabei unter Druck gesetzt fühlen, weil es ihr vielleicht unangenehm ist, Ihre Berührung im Beisein anderer zurückzuweisen.

Immer checken:

Beobachten Sie, wie sich die Frau bei einer Berührung verhält. Sie können meist schon bei kurzen zufälligen Berührungen feststellen, wie Ihre Date-Partnerin reagiert.

Der berühmte „Zucktest“

Der Name verrät schon, worum es geht. Frauen reagieren meist unmittelbar auf eine „zufällige“ Berührung. Ist ihnen der Berührende nicht sympathisch, ziehen sie zum Beispiel ihre Hand blitzschnell weg, um die Berührung zu unterbrechen. Sie können daran leicht ablesen, wie es um Ihre Chancen bei einer Frau bestellt ist.

Versucht sie, einer zufälligen Berührung auszuweichen, oder sucht sie vielleicht sogar Ihre Nähe? Wie verhält sie sich, wenn sich ihre Hände (zufällig) berühren? Zieht sie ihre Hand zurück, oder lässt sie sie da, wo es wieder zu einer Berührung kommen kann? Greift sie vielleicht sogar selbst nach Ihrer Hand? Dann sieht es sehr gut für sie aus.

Tipp:

Um beim Zucktest ein aussagekräftiges Ergebnis zu erhalten, sollten Sie vermeiden, die Frau mit der Berührung zu erschrecken. Wenn Sie sich unbemerkt von hinten nähern, wird jede Frau zurückzucken, ganz gleich, ob sie Sie mag oder nicht.

Wussten Sie schon …

dass die meisten Frauen intime Berührungen beim ersten Date ablehnen? Die überwiegende Zahl der Frauen gab bei entsprechenden Befragungen an, dass es ihnen unangenehm sei, wenn ein Date-Partner schon beim ersten Treffen versucht, zu vertraute oder gar intime Berührungen vorzunehmen.

Trick: Lesen aus der Hand

Ein noch nicht allzu abgegriffener Trick, um die Hand Ihrer Date-Partnerin testhalber zu ergreifen und ggf. zu halten, ist es, ihr angeblich aus der Hand lesen zu können. Damit das Ergreifen der Hand nicht zu plötzlich geschieht, können Sie einfach fragen: *„Darf ich dir/Ihnen aus der Hand lesen?“*

Wenn die Frau auch nur einen Funken Interesse an Ihnen hat, wird sie nichts dagegen einzuwenden haben. Sie können dann mit einem Finger zärtlich die Linien, Erhebungen und Täler in der Handfläche der Frau entlang fahren. Das kann schon eine sehr sinnliche Erfahrung sein.

Natürlich sollten Sie dann auch ein paar nicht zu ernst gemeinte Handleser-Sprüche parat haben.

Ich sehe, du hast dich heute mit einem wunderbaren

Mann getroffen. Ein Moment ... er heißt <Setzen Sie hier Ihren Namen ein>

„Ich sehe, dass du eine supergut aussehende Frau bist!

Improvisieren Sie. Sagen Sie möglichst viele nette Sachen:

„Diese Linie zeigt, dass du ein total sympathischer Mensch bist."

„Ich sehe, dass du eine lebenslustige Frau mit viel Humor bist."

Wenn Sie sich ernsthafter mit dem Thema auseinandersetzen wollen, googlen Sie einmal nach dem Begriff „Cold reading". Darunter versteht man die Methode, zutreffende Aussagen über Menschen zu machen, ohne dass man wirklich etwas über sie weiß. Das kann sehr beeindruckend sein. Ich persönlich würde aber immer die humorvolle Variante vorziehen. Sie macht mehr Spaß und ist vor allem ehrlicher!

Wenn die Frau ablehnt, oder ihre Hand zurückzieht, wenn Sie sie ergreifen wollen, sollten Sie sich keine allzu großen Chancen ausrechnen. Allerdings kommt das gar nicht so oft vor. Denn nicht zuletzt sind die meisten Frauen neugierig. Und etwas Positives über sich selbst zu erfahren, reizt sie noch viel mehr.

Tipp: Nackenmassage

Eine relativ unverfängliche Methode, herauszufinden, ob Ihre Date-Partnerin einer körperlichen Berührung gegenüber aufgeschlossen ist, besteht darin, eine Nackenmassage anzubieten, wenn sie Kopfschmerzen hat.

Sagt sie ja, können Sie sicher sein, dass Sie auf dem richtigen Weg sind. Sie sollten dann aber natürlich auch in der Lage sein, eine halbwegs akzeptable Nackenmassage zustande zu bringen. Dazu muss man kein Profi sein. Eine simple „Wohlfühlmassage" erfüllt den gleichen Zweck. Anleitungen dafür finden Sie zum Beispiel im Internet.

Ein „Nein" bedeutet Nein!

Wenn eine Frau an einem bestimmten Punkt der körperlichen Annäherung „Nein" sagt, bedeutet das natürlich auch „Nein" und für uns Männer bedeutet das „Stopp!". Ohne Wenn und Aber!

Leider ist das nicht allen Männern so klar. Die Ursachen liegen neben einer schlechten Erziehung auch in einigen abwegigen kursierenden Theorien, wonach eine Frau, die „Nein" sagt, im Grunde eigentlich etwas anderes meint und tatsächlich nur darauf wartet, dass der Mann zudringlich wird.

Gestützt werden solche wirren Gedankengänge auch noch durch manche Ratgeber oder „Flirt-Anleitungen", die Männer glauben machen wollen, dass jede Frau zu jeder Zeit Sex haben möchte und dass das „Nein" zu einer Art Strategie gehöre, um das zu erreichen. Sollten Sie irgendwo auf so einen Unsinn stoßen, vergessen Sie es. Am besten auch alles andere, was Sie auf der entsprechenden Webseite finden

Rufen Sie sich immer wieder ins Gedächtnis, dass die Frauen uns Männern in der Regel körperlich unterlegen sind und dass es Männer gibt, die das ausnutzen. Gewalt gegen Frauen ist keine Seltenheit und nicht wenige Frauen haben schon schlechte Erfahrungen machen müssen. Eine ganz einfache Regel lautet deshalb:

Die Frau entscheidet, ob und wann etwas passiert

oder nicht

Wenn Sie sich daran halten, machen Sie alles richtig!

Warum Frauen manchmal so resolut reagieren

Frauen berichten übrigens häufiger davon, dass ihnen oft nichts anderes übrig bleibt, als in sehr nachdrücklichen Ton die Notbremse zu ziehen. Die meisten haben es bereits auf die nette Art versucht und haben damit bei einigen Männern das Vorurteil genährt, dass sie es eigentlich gar nicht so meinen.

Aus diesem Grund machen manche Frauen sofort sehr deutlich klar, wo sie eine Grenze ziehen. Sollte Sie das einmal unverdientermaßen treffen, nehmen Sie es nicht persönlich. Es ist nur eine Schutzreaktion, die nichts mit Ihnen persönlich zu tun hat.

Tipp

Ach ja, wenn Sie wirklich an der Frau interessiert sind: Verzichten Sie auf Kommentare wie: ~~„Warum bist du denn so zickig?“~~

Mit so einer Bemerkung hat sich schon mancher Kandidat selbst aus dem Rennen geschossen!

Schritt für Schritt kommt Mann ans Ziel

Männer haben den (schlechten) Ruf, beim Thema Berührungen oft zu forsch vorzugehen. Die meisten Frauen lehnen es ab, schon zu einem frühen Zeitpunkt der Kontaktaufnahme, überhaupt Berührungen zuzulassen. Sie wollen erst einmal abwarten, wie sich das Kennenlernen entwickelt.

Dazu gehört auch, dass man womöglich einen netten Abend miteinander verbringt, ohne, dass es zu einer Berührung kommt. Sie sollten das nicht als Desinteresse oder gar Ablehnung interpretieren. Es ist für die meisten Frauen einfach ganz normal, dass den ersten Berührungen eine Phase vorausgeht, in der man sich eben „nur" unterhält und gegenseitig abcheckt, ob man miteinander harmoniert.

In dieser Phase nähert man sich an, ohne sich gegenseitig körperlich zu berühren. Mit welchen Mitteln das geschieht (zum Beispiel über Blickkontakt) wissen Sie ja bereits aus den vorhergehenden Kapiteln.

Schritt für Schritt kommen Sie an Ziel

In jeder Kultur gibt es eine gewisse Reihenfolge von Nähe und Berührungen beim Kennenlernen einer Frau. Auf keinen Fall sollten Sie hier mit der Tür ins Haus fallen und überstürzt zu viel Nähe riskieren.

Ein Kuss ist zum Beispiel keine Selbstverständlichkeit, sondern erfolgt in der Regel erst dann, wenn einige weniger intime Berührungen ausprobiert und akzeptiert wurden.

Die Stufen auf dem Weg zum ersten Kuss könnten zum Beispiel so aussehen:

Stufe 1: Hand geben

Stufe 2: Berührungen der Hände (auf dem Tisch, beim nebeneinander her Gehen)

Stufe 3: Kurze Umarmungen (bei der Begrüßung, beim gemeinsamen Lachen über einen Scherz)
Berührungen an der Schulter, Haar aus dem Gesicht streichen

Stufe 4: Halten der Hände über einen längeren Zeitraum (Händchenhalten) zum Beispiel bei einem gemeinsamen Spaziergang. Umarmen, bei Begrüßung und Verabschiedung

Stufe 5: Der Kuss

Auch hierbei gibt es noch weitere Abstufungen

- Kuss auf die Wange
- Kuss auf den Mund
- Zungenkuss

Versuchen Sie nicht, eine oder mehrere Stufen zu überspringen. Sie können dadurch unter Umständen viel „kaputt" machen.

Grundsätzlich gilt: Nichts überstürzen!

Wenn die Frau daran interessiert ist, Ihnen auch körperlich näherzukommen, wird sie Ihnen das auch signalisieren. Drängeln Sie nicht und starten sie keine plötzlichen Übergriffe. Beides würde die Stimmung verderben und Ihre Chancen verringern.

Bleiben Sie locker:

Schauen Sie nicht wie das Kaninchen auf die Schlange, um eine Gelegenheit zu erwischen, wo Sie sie berühren können. Versuchen Sie, alle Berührungen locker und natürlich wirken zu lassen. Es hilft sehr, wenn Sie sich nicht selbst unter Druck setzen. Es muss nichts unbedingt an diesem Abend geschehen. Wenn sich eine positive Beziehung zwischen Ihnen und Ihrer Date-Partnerin entwickelt, haben Sie genug Zeit.

Es ist manchmal besser, in einem bestimmten Augenblick auf eine Berührung zu verzichten, als sie krampfhaft und linkisch erzwingen zu wollen.

Keine Berührung ohne Grund:

Ihre Berührungen sollten optimalerweise ganz natürlich erfolgen. Also in Situationen, in denen Sie einen anderen Gesprächspartner auch berühren würden. Das kann zum Beispiel der Fall sein, wenn Sie gemeinsam über einen Scherz lachen.

Vermeiden Sie es, die Frau sozusagen „aus heiterem Himmel" anzufassen. Solche überraschenden Berührungen haben leicht den Charakter von „Grapschen" und können die Frau im schlechtesten Fall sogar erschrecken. Man sollte es mit den Berührungen auch nicht übertreiben. Wenn

Sie im Minutenabstand an Ihrer Date-Partnerin herumfummeln, wird das nicht den gewünschten Eindruck machen.

Situationen, in denen eine Berührung natürlich wirkt:

- Etwas zeigen
- Kompliment über ihre Haare machen
- Sie bedauern (streicheln des Oberarms oder der Wange)
- Bei Begrüßung und Verabschiedung umarmen, Küsschen
- Zustimmung („Danke! Du sprichst mir aus der Seele!“ und am Arm berühren)
- Bedanken (übertrieben: „Du bist meine Rettung!“, und umarmen)
- Scherzhaft empört: „Hey, … „ und anstupsen

Tipp: Verhalten im Ausland

Andere Länder, andere Sitten. Das trifft auch auf die Art und Weise zu, in der Berührungen akzeptiert und ausgeführt werden. In manchen Kulturen gilt es generell als unanständig, eine Frau in der Öffentlichkeit zu berühren, in anderen gilt die oben genannte Reihenfolge der Berührungen nicht.

Wenn Sie sich im Ausland aufhalten oder eine Frau aus einem fremden Kulturkreis kennenlernen, sollten Sie sich darüber informieren, welches Verhalten akzeptiert wird und womit Sie Ihre Bekannte womöglich vor den Kopf stoßen würden.

Der erste Kuss

Im Film ist es immer ganz einfach: Nach einem gemeinsamen Abend, an dem man ein Restaurant oder eine Bar besucht hat, bringt er sie nach

Hause und bekommt zum Abschied oder zum Dank den Kuss, auf den er schon den ganzen Abend hingearbeitet hat.

In der Realität kann es auch so funktionieren, es gibt allerdings einige Voraussetzungen, ohne die es garantiert nicht klappt.

Eine Minimalvoraussetzung für einen erfolgreichen Kussversuch ist, dass im Verlaufe des Abends bereits einige (mehr oder weniger zufällige) Berührungen stattgefunden haben. Frauen ticken da anders als Männer. Während es für ihn völlig OK ist, sie zum Abschied ohne vorhergehende Annäherung zu küssen, ist diese Vorstellung für eine Frau alles andere als erstrebenswert. Sie erwartet, dass dem Kuss im Verlauf des Abends eine schrittweise körperliche Annäherung vorausgeht.

Der Kussversuch wird abgelehnt und der Mann steht da und fragt sich, was er falsch gemacht hat. Schließlich hatte man doch einen netten gemeinsamen Abend. Warum will sie ihn jetzt nicht küssen?

Insbesondere der erste Kuss ergibt sich nicht immer so spontan, natürlich und zwangsläufig wie im Film. Wenn Sie sich nicht ganz sicher sind, ob ein Kuss OK ist, ist es keine schlechte Taktik, einfach zu fragen:

> *„Ich würde dich jetzt gerne küssen. Ist das OK?“*
>
> *„Hättest du etwas dagegen, wenn ich dich jetzt küssen würde?“*

Oder auch einfach als Ankündigung:

> *„Ich werde dich jetzt küssen!“*

Das gibt ihr die Möglichkeit, sich darauf einzustellen und ggf. auch ein Veto einzulegen, wenn sie sich (noch) nicht wirklich sicher ist, den Kuss ebenfalls zu wollen.

Kuss oder Küsschen?

Auch das ist eine Frage der logischen Reihenfolge. Natürlich ist es zunächst viel einfacher und wirkt viel natürlicher, wenn Sie zum Beispiel bei Begrüßung oder Abschied mit einem Küsschen auf die Wange beginnen. Es wäre sicher ein Fehler, bei der ersten Berührung mit dem Mund sofort mit einem Zungenkuss zu starten. Dieser steht eher am Ende der Entwicklung.

Ganz wichtig

Es ist wichtig, dass Sie die Situation für den ersten Kuss schrittweise erarbeiten. Manche Männer meinen, es reicht, wenn man am Ende zum Ziel kommt und dass man die vorhergehenden Schritte notfalls auch überspringen könne.

Tatsächlich können Sie aber nicht so ohne Weiteres von der ersten Flirtphase zum Küssen gelangen. Die meisten Frauen empfinden es zumindest als sehr merkwürdig, wenn nach einem Abend ohne eine einzige Berührung plötzlich eine Kussattacke erfolgt. Gehen Sie, wie im vorhergehenden Kapitel beschrieben, Schritt für Schritt vor. Steigen Sie langsam aber stetig von Sprosse zu Sprosse auf der Leiter der Berührungen nach oben, bis Sie zum Ziel gelangen.

Gelegenheit: Mistelzweig

In Westeuropa und insbesondere im englischen Sprachraum ist es beliebter Brauch, zur Weihnachtszeit Mistelzweige aufzuhängen. Stehen ein Mann und eine Frau unter einem solchen Mistelzweig, sagt der Brauch, dass sie sich küssen müssen. So eine Gelegenheit sollte man sich natürlich nicht entgehen lassen. Mit einer Bemerkung wie: *„Oh, ein Mistelzweig, jetzt müssten wir uns eigentlich küssen!“* können Sie leicht testen, wie die Frau reagiert. Vielleicht antwortet sie ja mit einem *„Gute Idee!“* oder *„Nur zu!“*

Kuss-Variationen

Vielen Menschen fällt zum Thema Kuss nur ein, dass dabei zwei Menschen die Lippen aufeinander pressen. Dabei kann ein Kuss in einer Vielzahl von Variationen vorkommen:

Handkuss

Ziemlich altmodisch, aber vielleicht gerade deshalb heute wieder in. Beim Handkuss ergreift der Mann die Hand der Frau, beugt sich hinunter und haucht einen angedeuteten Kuss auf den Handrücken. Wichtig ist dabei, dass der Mund die Hand nicht wirklich berührt, sondern eben nur fast.

Halskuss

Der Hals ist, insbesondere bei Frauen, eine äußerst erogene Zone. Frauen mögen es deshalb sehr, zärtlich auf den Hals geküsst zu werden.

Unangebracht sind die sogenannten Saug- oder Knutschküsse auf den Hals. Diese erzeugen durch ihren Unterdruck unschöne Verfärbungen auf der Haut. Die sogenannten „Knutschflecke“ sind allerdings nur unter Teenagern angesagt. Erwachsene Frauen lieben die Flecken am Hals nicht besonders. Dies umso weniger, wenn sie von manchen Männern als eine Art „Reviermarkierung“ absichtlich hinterlassen werden.

Lippenkuss

Beim Lippenkuss finden, wie der Name schon vermuten lässt, lediglich die Lippen zueinander. Die Zunge bleibt bei dieser eher oberflächlichen Kussvariante im eigenen Mund. Bestenfalls darf die Zungenspitze ganz leicht die Lippen der Kusspartnerin berühren oder kitzeln.

Eine besondere Variante des Lippenkusses besteht darin, die Ober- oder Unterlippe der Partnerin vorsichtig einzusaugen.

Zungenkuss

Dies ist die intimste Kussvariante (zumindest beim Küssen auf den Mund!). Beim Zungenkuss darf die eigene Zunge in die Mundhöhle der Partnerin eindringen und diese vorsichtig erforschen.

Intimkuss

Der Intimkuss ist eine erotische Handlung, die zum Beispiel Teil des Vorspiels vor dem Geschlechtsverkehr oder aber auch als Teil des sogenannten Pettings zum Einsatz kommt. Beim Intimkuss werden die Geschlechtsmerkmale oder Geschlechtsorgane der Frau (Busen, Vulva) und andere erogene Körperzonen zärtlich, oft unter Einsatz der Zunge geküsst.

Wie lange sollte ein Kuss dauern?

Ein Kuss kann von wenigen Sekunden bis zu einigen Minuten dauern. Wie lange er tatsächlich dauert, hängt von vielen Faktoren ab, insbesondere aber davon, wie sehr sich die Küssenden mögen und wie sehr der Kuss beide erregt. Handeln Sie einfach nach Gefühl. Wenn Ihre Kusspartnerin den Kuss abbricht, oder sich von Ihnen löst, ist es zumindest Zeit für eine Pause.

Übrigens, der Guinnessbuch-Rekord fürs Dauerküssen liegt bei ca. 31 Stunden! Sie müssen sich also ganz schön anstrengen, wenn Sie diesbezügliche Ambitionen haben. Und wenn Sie einmal mit Profiwissen glänzen wollen: Die wissenschaftliche Erforschung des Küssens nennt man „Philematologie“.

Sex: Ein Kapitel für sich

Das Thema Sex ist im wahrsten Sinne des Wortes ein Kapitel für sich. Tatsächlich ist sogar eher ein ganzes Buch oder gleich eine Reihe von Büchern für sich. Aus diesem Grund finden Sie an dieser Stelle weder ein „Lexikon der Lust“ noch eine Aufzählung aller Stellungen aus dem Kamasutra.

Wie, wie oft und welche Art von Sex Sie mit Ihrer Partnerin haben, soll hier nicht thematisiert werden. Wohl aber ein paar grundlegende Gedanken über den Umgang mit Flirts und Sex.

Zitat:

„Äh ... Falls ihre Bemerkung auf Sexualität hinzielt. Ich bin voll funktionsfähig programmiert auf multiple Techniken.“
(Leutnant Commander Data, Android und zweiter Offizier des Raumschiffs USS-Enterprise-D)

Tipp: Mit SMS und Chat schneller zum Ziel

Bei einer Umfrage der US-Magazine „Shape“ und „Men‘s Health“ stellte sich heraus, dass Frauen, die mit Ihren Flirt-Partnern in regelmäßigem SMS- und Chat-Kontakt standen, viel früher bereit waren, sich auf eine sexuelle Beziehung einzulassen, als andere.
Während andere Frauen angaben, erst nach dem 5. oder gar 10. Treffen mit einem Mann zu schlafen, zeigten sich die Chatterinnen häufig bereits nach dem ersten oder zweiten Date dazu bereit.

Die Ursache besteht offenbar darin, dass durch den regelmäßigen Austausch von Nachrichten, subjektiv der Eindruck entsteht, man kenne sich schon viel besser oder auch länger, als es tatsächlich der Fall ist.

Safety first: Sicherheit und Verhütung

Man sollte meinen, dass Sicherheit beim Sex für erwachsene Menschen eine absolute Selbstverständlichkeit ist. Trotzdem zeigen Umfragen regelmäßig, dass viele Menschen, sogar wieder in zunehmendem Maße, das

Risiko ungeschützten Verkehrs eingehen.

Im Jahr 2013 sind fast 35 Millionen Menschen weltweit mit HIV infiziert. Und das betrifft Männer wie Frauen gleichermaßen. An AIDS sind bis zu diesem Zeitpunkt fast 30 Millionen Menschen gestorben. Und dabei ist die HIV-Erkrankung nur eine Krankheit, die beim ungeschützten Geschlechtsverkehr übertragen werden kann. Menschen mit häufig wechselnden Geschlechtspartnern sind besonders betroffen, aber zum Beispiel auch die Partnerinnen von Männern, die häufig ungeschützten Verkehr mit Prostituierten haben. Viele Menschen sind Träger des HIV-Virus, ohne überhaupt davon zu wissen. Alles in allem mehr als ausreichend viele Gründe, um beim Geschlechtsverkehr mit einer neuen Partnerin immer die nötige Vorsicht walten zu lassen. Ein paar Kondome in der Tasche gehören ohnehin zur Ausrüstung jeden Flirters.

„Nur" Sex oder eine ernste Beziehung?

Über diese Frage sollten Sie - und möglichst auch Ihre Partnerin - sich im Klaren sein. Alles andere führt nur zu Enttäuschungen und gebrochenen Herzen. Einer Umfrage zu folge gehen übrigens die meisten Frauen davon aus, dass Sex bereits beim ersten Treffen, eher signalisiert, dass es sich nicht darum dreht, ernsthaft einen Partner zu finden.

Follow up oder One-Night-Stand?

Auch das sollten Sie möglichst klären, bevor es zu Irritationen kommt. Nicht jede Frau ist daran interessiert, ihre One-Night-Stand-Partner noch einmal wiederzutreffen. Seien Sie also nicht zu enttäuscht, wenn das passieren sollte.

Umgekehrt gilt natürlich auch: Wenn Sie nur an einem One-Night-Stand interessiert sind, sollten Sie Ihrer Partnerin nicht das Gefühl vermitteln, mehr zu wollen, oder gar in sie verliebt zu sein.

Zum Schluss noch ein ganz witziges Zitat zum Thema:

„Am Anfang fand ich es großartig, für Frauen attraktiv

zu sein. Ich würde nicht sagen, dass das ein Schock für mich war. Aber es war eine Überraschung und ich hatte lange Spaß daran. Aber es geriet außer Kontrolle, und ich begann, die negativen Seiten der Sache zu sehen.“
(Robert Redford)

<u>Die</u> Probleme möchte man haben ... ;-)

ANHANG

Diese Fehler sollten Sie vermeiden!

Flirt und Partnersuche gab es schon immer. Schon viele Generationen von Männern haben alles Mögliche ausprobiert und waren damit mal mehr und mal weniger erfolgreich. Trotzdem gibt es eine ganze Reihe von typischen Fehlern, die immer und immer wieder gemacht werden. Damit Ihnen das nicht passiert, habe ich für Sie im Folgenden noch einmal die häufigsten Fehler, Missgriffe und Fettnäpfchen aufgelistet.

Die häufigsten Denkfehler

Erfolgreiches Flirten und Werben beginnt im Kopf. Mit der richtigen mentalen Einstellung können Sie Ihre Chancen aktiv deutlich verbessern. Die folgenden Denkfehler sollten Sie deshalb vermeiden.

Zu viel Angst

Klar, wer sich auf das Abenteuer Flirt einlässt, begibt sich zwangsläufig auch in die Gefahr abzublitzen oder einen Korb zu bekommen.

Aber: Ist das wirklich so schlimm? Ist das peinlich oder gar eine Katastrophe? Definitiv nein! Machen Sie sich klar, dass es allen Männern so ergeht. Das Risiko zu scheitern gehört zum Flirten einfach dazu. Schon beim ersten Versuch, die Traumpartnerin zu finden, ist wie ein 6er im Lotto: Sehr schön, aber auch sehr selten. Für alle anderen gilt: Keine Angst! Augen zu und durch!

Was denken andere über mich?

Bei den ersten Versuchen hat man noch den Eindruck, dass man von seiner Umgebung genauestens beobachtet wird. Aber schon nach kurzer Zeit stellt man fest, dass die eigene Partnersuche von anderen kaum beachtet wird. Und selbst wenn: Jeder weiß, dass es im Erwachsenenalter schwierig sein kann, einen passenden Partner zu finden. Viele waren schon selbst in der gleichen Situation. Und wenn andere wissen, dass Sie auf der Suche nach einer Partnerin sind, ergibt sich vielleicht gerade dadurch die ein oder andere Gelegenheit. Erfahrungsgemäß sind Freunde und Bekannte gerne bereit, den Partnersuchenden zu unterstützen. Es kann durchaus sein, dass man die Traumpartnerin nur deshalb trifft, weil sie einem von guten Freunden vorgestellt wurde.

Darauf warten, dass eine Frau signalisiert, dass sie interessiert ist

Dieser Denkfehler hängt häufig direkt mit dem Punkt „Zu viel Angst" zusammen. Man traut sich nicht, eine Frau ohne ein Zeichen der Aufforderung anzusprechen.

Das Problem: Frauen sind heute zwar emanzipiert, aber das reicht oft nicht so weit, dass sie aktiv auf einen Mann zugehen oder eindeutige Flirtsignale aussenden. Zu sehr sind die allermeisten Frauen noch in ihrer eher passiven Rolle gefangen. Klar, es kann vorkommen, dass Ihnen eine Frau deutlich zu verstehen gibt, dass sie an Ihnen interessiert ist. Darauf zu warten, kann allerdings ein langwieriges Unterfangen werden. Wenn Sie in absehbarer Zeit Erfolg haben wollen, müssen Sie auch ohne Aufforderung aktiv werden.

Warten auf die perfekte Frau

Perfekte Menschen gibt es nicht. Ebenso wenig eine Frau, die exakt Ihren Vorstellungen oder Wünschen entspricht. Für eine erfolgreiche Partnersuche ist immer auch eine Portion Neugier auf Neues und Offenheit für Unbekanntes notwendig. Ebenso die Fähigkeit, umzudenken, tolerant zu sein und Kompromisse zu schließen.

Jede Frau ist, wie Sie selbst, eine Persönlichkeit, die aus unzähligen Facetten und Eigenschaften besteht. Wichtig ist, dass Ihre eigene Persönlichkeit und die der Frau gut harmonieren. Dafür ist es aber nicht notwendig, dass die Frau in jeder Hinsicht Ihren Idealvorstellungen entspricht. Wer auf die perfekte Frau wartet, sollte sich an den Gedanken gewöhnen, dass er nie eine passende Partnerin findet. Mit mehr Offenheit, Neugier und Toleranz sind Ihre Chancen deutlich größer, und Sie lernen mit Sicherheit Frauen kennen, die viel interessanter sind als Ihre nicht existierende Idealfrau.

Die Sache zu ernst nehmen

Dieser Denkfehler schließt alle bisher genannten Punkte mit ein. Wer zu verbissen und mit zu viel Ernst an die Sache herangeht, wird zwangsläufig verkrampft, unflexibel und ängstlich agieren.

Eine gewisse Portion Humor hilft Ihnen bei Flirt und Partnersuche gleich in mehrfacher Hinsicht: Sie bleiben dadurch lockerer, wirken sympathischer und haben auch kein Problem damit, wenn mal etwas schief läuft. Ich kann Ihnen versichern: Sie werden beim Flirten mehr als einmal in Situationen geraten, die nur mit Humor zu ertragen sind.

Die häufigsten Flirtfehler

Es gibt beim Flirten einige Fehler, nach denen es in der Regel keine zweite Chance mehr gibt. Sie sollten sie kennen und in jedem Fall vermeiden! Im Folgenden finden Sie die häufigsten (und schlimmsten) Flirtfehler im Überblick.

Mangelnde Körperpflege und Sauberkeit

Mehrere große Umfragen haben es gezeigt: Mangelnde Körperpflege und Sauberkeit sind sowohl bei Männern als auch bei Frauen die Flirtkiller Nr. 1. So gut wie alle Befragten teilten mit, dass unangenehme Körpergerüche, fettige Haare, schmutzige Fingernägel etc. bei ihnen dazu führen, dass der entsprechenden Flirt-Partner sofort „aussortiert“ wird und auch zukünftig keine Chance mehr bekommt.

Zum Date zu spät kommen

Wie bereits erwähnt, gibt es außer einem Erdbeben kaum eine Ausrede, um zu einem Date zu spät zu kommen. Unpünktlichkeit ist nicht nur eine unschöne Eigenschaft, sie erweckt bei der Frau auch den Eindruck, dass sie ihm nicht besonders wichtig ist. Die Folge: Entweder ist sie schon nicht mehr da, wenn er erscheint, oder er hat von vornherein schlechte Karten.

Zu viel Alkohol

Vor dem Essen ein Aperitif, zum Essen zwei, drei Gläser Wein, nach dem Essen einen Grappa, und in der Bar geht‘s dann weiter. Ruckzuck hat Mann einen gehörigen Schwips und wirkt plötzlich gar nicht mehr verführerisch, sondern eher peinlich.

Noch schlimmer: Trinkt ein Mann bei einem Date zu viel, entsteht bei der Frau schnell der Verdacht, es mit einem Alkoholiker zu tun zu haben - KO in der ersten Runde!

Zu intime Fragen beim ersten Date

Hüten Sie sich vor allzu intimen Fragen beim Flirt oder bei den ersten Dates. Dazu gehören Fragen nach der Anzahl der bisherigen Sexualpartner genauso wie Fragen nach sexuellen Vorlieben oder danach, ob Frau Lust hat, bei den eigenen Sexspielchen mitzumachen.

Auch beim Anflirten sollte die erste Frage nicht lauten: *„Na, hast du einen Freund?“* Zu intime Fragen führen zur Abwertung oder direkt zur Disqualifizierung.

Intime Geständnisse beim ersten Date

Es gibt Dinge, die will Frau lieber gar nicht wissen, insbesondere nicht beim ersten Date! Informationen über die sexuellen Vorlieben oder andere „schmutzige" Details aus dem Leben des Mannes gehören nicht zu den Gesprächsthemen beim ersten Date. So etwas ist nur peinlich und ein absoluter Stimmungskiller.

Reden über die Ex- oder Noch-Partnerin

Bei einem Date will eine Frau vieles hören. Ganz bestimmt aber nichts über Ihre Ex-Partnerinnen. Noch schlimmer: Der Mann offenbart beim Date, dass er noch in einer Beziehung steckt. Das geht gar nicht!

Zu einem Date eine dritte Person mitbringen

Zugegeben, dieser Fehlgriff unterläuft Frauen häufiger als Männern. Man hat aber auch schon von Männern gehört, die zu einer Verabredung einen Kumpel (oder gar eine Freundin!) mitgebracht haben.

Auf jeden Fall ein No go!

Keine Gnade für Quasselstrippen

Bei manchen ist es die Nervosität, andere meinen, dass das eigene Leben so spannend ist, dass sie ununterbrochen nur über sich selbst reden.

Bei einem Date ist das keine gute Idee. Stattdessen lieber zuhören und sich dafür interessieren, was die Frau zu erzählen hat.

Nicht zuhören können

Ist oft in Verbindung mit dem Fehler „Quasselstrippe" anzutreffen. Frauen mögen es gar nicht, wenn ein Mann nicht zuhören kann. Und zum Zuhören gehört mehr, als nur selbst nicht zu reden. Widerlegen Sie alle Vorurteile, dass Männer nicht zuhören können. Zeigen Sie durch Blickkontakt, gelegentliche Kommentare und Fragen, dass Sie voll und ganz bei der

Sache sind.

Handy oder Smartphone-Junkies

Wer sich während eines Dates von Anrufen oder SMS ablenken lässt, hat keine guten Karten. Das Handy bleibt während des Dates ausgeschaltet oder ist zumindest lautlos gestellt. Was gar nicht geht, ist das Entgegennehmen von Anrufen sowie das Lesen oder gar Schreiben von SMS-Nachrichten.

Peinliche SMS versenden

Schreiben Sie nichts in einer SMS, das Sie nicht auch auf einer Postkarte verschicken würden. Sie wissen nie, wer die SMS auf dem Smartphone Ihrer Flirt-Partnerin liest. Frauen lieben es zum Beispiel, solche Nachrichten, ihren Freundinnen zu zeigen. Und dass die lesen, was Sie ganz privat geschrieben hatten, wollen Sie ja sicher nicht, oder?

Plötzliche körperliche Annäherung (Kussattacke)

Der Versuch, nach einem Abend ohne andere körperliche Berührungen zum Abschied plötzlich eine Kussattacke zu starten, ist nicht zielführend. Vermeiden Sie überhaupt jede Art von plötzlichen, unangekündigten körperlichen Übergriffen. Das kommt in der Regel nicht gut an.

Frauenwitze - Über Frauen lästern

Aus irgendeinem nicht nachvollziehbaren Grund glauben manche Männer, dass Frauen es anziehend finden, wenn ein Mann Witze über Frauen macht oder über typisch weibliche Verhaltensweisen (Stichwörter: Schuhe / Shoppen) ablästert.

So ein kleiner Scherz kann sicher beim Kennenlernen ganz witzig sein. Es darf aber nicht zu einem Dauerthema oder zu einem Running Gag werden. Denn das ist dann nicht mehr witzig und macht den Mann eher unsympathisch. Ein absolutes No go! sind natürlich alle sexistischen Witze. Wer so etwas bei einem Date anbringt, stellt sich selbst an die erste Stelle der Abschussliste.

Gerichte mit Zwiebeln oder Knoblauch bestellen

Wahrscheinlich ist es nur Gedankenlosigkeit. Trotzdem wird jede Frau es mit Erschrecken zur Kenntnis nehmen, wenn sich ihr Date-Partner im Restaurant für „Gyros komplett" oder ein ähnliches Mundgeruch-intensives Gericht entscheidet.

Wer hofft, danach noch einen Kuss oder gar mehr zu ergattern, muss schon ein hoffnungsloser Optimist sein!

Sich lautstark über das Essen etc. beschweren

Männern glauben manchmal, mit einem besonders forschen oder gar aggressiven Verhalten gegenüber dem Personal im Restaurant bei den Frauen Eindruck zu machen.

Allerdings wissen es nur die wenigsten Frauen zu schätzen, wenn ihr Date-Partner damit beginnt, sich lautstark über den Kork im Wein oder die nicht korrekt zubereitete Sauce béarnaise zu beschweren. Die meisten Frauen dürften davon eher peinlich berührt sein, und werden wahrscheinlich keine große Lust haben, mit diesem Rüpel noch einmal auszugehen.

Schlechte Essmanieren

Mit jemandem auszugehen, der sich bei Tisch nicht benehmen kann, macht keine Freude. So sehen das zumindest die allermeisten Frauen. Wer also auf die Idee kommt, sein Messer abzulecken oder sich in die Serviette zu schnäuzen, hat schon wichtige Sympathiepunkte verspielt. Das Gleiche gilt natürlich auch für gieriges Schlingen, beim Essen schmatzen oder mit fettigen Fingern das Weinglas vollschmieren.

Jammern und Wehklagen

Frauen wollen einen Partner, mit dem sie auf Augenhöhe kommunizieren können, oder an den sie sich von Zeit zu Zeit auch einmal anlehnen können. Jammerlappen, die sich bei einem Date erst einmal ausweinen und sich über die Ungerechtigkeit der Welt beschweren, haben da keine Chance!

Zeitdruck

„Du, ich habe nachher noch was vor …“ Oh, oh, das ist kein guter Einstieg. Eine Frau erwartet, dass ihr Date-Partner voll und ganz für sie da ist. Abgesehen davon sabotiert er durch so ein Verhalten von vornherein jede Chance, dass sich aus dem gemeinsamen Diner im Verlauf des Abends noch mehr entwickeln kann.

Ein Plüschtier oder eine Rose mitbringen

Ähem, das ist peinlich, oder? Trotzdem kommt es gar nicht so selten vor. Wie bereits in einem der vorhergehenden Kapitel gesagt: Zu einem ersten Date bringt man entweder nichts mit oder eine nette Kleinigkeit, die weder peinlich noch in irgendeiner Form verpflichtend ist.

Über andere Frauen sprechen

Eine Frau will bei einem Date, dass der Mann sich nur für sie interessiert. Gespräche über andere Frauen (auch Mütter, Schwestern, Schwägerinnen oder beste Freundinnen) haben dabei nichts zu suchen.

Kontroverse Diskussionen führen

Ein Date dient dazu, sich näher kennenzulernen. Für den Mann bietet das Date die Möglichkeit, sich von seiner besten und attraktivsten Seite zu zeigen. Auf keinen Fall darf es während des Dates zu kontroversen Diskussionen oder gar zum Streit kommen. Aus diesem Grund scheiden auch alle potenziell problematischen Gesprächsthemen wie zum Beispiel Politik oder Religion zumindest für das erste Date generell aus.

Zum Schluss noch eine **Hitliste von Sätzen, die eine Frau beim Date <u>niemals</u> hören möchte** ;-)

~~„Du, ich hatte noch nie …“~~

~~„Ich komme gerade aus dem Gefängnis, und …“~~

~~„Wir können nicht zu mir, weil meine Frau …“~~

~~„Meine Tochter ist die wichtigste Frau in meinem Leben …“~~

Daran erkennen Sie, dass eine Frau auf Sie steht

Darauf wartet jeder Mann: Die sogenannten Flirtzeichen sind Signale, die eine Frau bewusst oder unbewusst aussendet, wenn sie sich für einen Mann interessiert. Zeigt eine Frau gleich mehrere dieser Flirtzeichen, können Sie sicher sein, dass Sie ihr Interesse geweckt haben.

Bei den meisten Flirtsignalen oder Flirtanzeichen handelt es sich um Körpersprachensignale. Wenn Sie wissen, worauf Sie achten müssen, können Sie diese leicht identifizieren:

Lächeln

Das einfachste und häufigste Flirtzeichen.

Beim Lächeln ist es allerdings manchmal schwierig, zwischen dem nur höflichen und einem ernst gemeinten Lächeln zu unterscheiden. Spätestens aber, wenn eine Frau Sie außerhalb einer typischen Begrüßungssituation mehrfach anlächelt, können Sie davon ausgehen, dass Sie ihr nicht unsympathisch sind.

Zuwenden

Ein ganz elementares Flirtzeichen besteht darin, dass sich eine Frau während eines Gesprächs häufig zu Ihnen hinwendet. Sind mehrere Gesprächspartner anwesend, achten Sie darauf, wen die Frau direkt anspricht, bzw. wen sie anschaut, wenn sie spricht. Wenn Sie der Glückliche sind, stehen Ihre Chancen nicht schlecht.

Blickkontakt

Über die Bedeutung des Blickkontaktes haben wir ja bereits mehrfach gesprochen. Beim Blickkontakt ist es im Grunde ganz einfach: Je häufiger einer Frau Ihnen direkt in die Augen schaut und je länger sie den Blickkontakt dabei aufrechterhält, desto größer ist ihr Interesse an Ihnen. Eine Frau, die Sie mag, wird den Blickkontakt immer ein wenig länger aufrechterhalten, als es normalerweise üblich wäre.

Kopf schief legen

Neigt eine Frau beim Sprechen ihren Kopf zur Seite, ist auch das häufig ein Flirtsignal.

Blinzeln

Blinzeln oder Zwinkern ist ein Zeichen von erhöhter Anspannung oder Nervosität. Beides kann ein positives Zeichen sein, wenn es zum Beispiel mit häufigem und intensivem Augenkontakt einhergeht. Achten Sie dabei auch auf die Pupillen der Frau. Wenn sich diese im Gespräch mit Ihnen weiten, ist dies ein weiteres Flirtsignal.

Berührungen

Berührungen gehören zu den eindeutigsten Flirtsignalen überhaupt. Wenn eine Frau Sie während eines Gesprächs häufiger berührt, sieht es sehr gut für Sie aus! Schon kleine Berührungen mit der Hand am Arm, der Schulter oder am Bein sind ein eindeutiges Zeichen für Interesse.

Eine Frau, die nicht an Ihnen interessiert ist, oder Sie sogar nicht leiden kann, würde Sie niemals mehr als zufällig oder versehentlich anfassen.Übrigens: Auch ganz „unauffällige“ Berührungen zählen. So zum Beispiel, wenn die Frau einen Fussel von Ihrem Jackett entfernt o.ä.

Lachen

Ist die Stimmung einigermaßen ausgelassen, können Sie es als Flirtzeichen verbuchen, wenn die Frau, mit der Sie sich unterhalten, häufiger und lauter lacht als gewöhnlich.

Wenn sie zudem bereit ist, über jeden Ihrer Scherze zu lachen (auch über die mittelmäßigen), dürfen Sie davon ausgehen, dass die Frau Sie mag.

Spiegeln

Wenn es sich häufiger ergibt, dass die Frau die gleiche Körperhaltung einnimmt, wie Sie selbst, kann das ebenfalls ein günstiges Zeichen sein. Wenn Sie zum Beispiel ein Bein über das andere schlagen und die Frau es Ihnen kurz danach gleichtut, dürfen Sie das als Flirtsignal werten.

Sprechen

Ein hohes Sprechtempo deutet auf Anspannung und Nervosität hin. Das kann ein gutes Zeichen sein. Aber nur, wenn es in Verbindung mit weiteren Flirtsignalen auftritt. Auch wenn die Frau bewundernde Laute wie „Ohhh" oder „Ahhh" von sich gibt, ist das ein gutes Zeichen.

Hände

Je mehr eine Frau ihre Hände in Ihre Richtung bewegt, desto besser für Sie. Nach oben weisende Handflächen sind ein Zeichen für Vertrauen und eine Hand, die über die Tischmitte hinaus zu Ihnen hingeschoben wird, ist schon eine deutliche Aufforderung, die Hand zu ergreifen.

Arme hinter dem Kopf verschränkt

Wenn eine Frau ihre Arme hinter dem Kopf verschränkt, haben wir es ebenfalls mit einem typischen Flirtsignal zu tun.

Spielen mit den Haaren

Flirtende Frauen greifen häufig nach ihren Haaren und spielen mit ihnen herum. Wenn eine Frau zum Beispiel eine Haarsträhne um einen Finger wickelt, ist das schon ein eindeutiges Flirtsignal. Das Gleiche gilt für häufiges Streichen über oder das Zurechtrücken der Haare.

Die Frau sucht die körperliche Nähe

Wenn die Frau Ihnen ohne äußeren Anlass (z. B. Gedränge) sehr nahe kommt, ist das ein eindeutiges Flirtsignal. Dazu gehört auch, wenn sie Ihnen zum Beispiel etwas ins Ohr flüstert.

Auch wenn Ihnen die Frau während des Gesprächs näherkommt, als es üblich oder notwendig ist, dürfen Sie das als Flirtzeichen für sich verbuchen.

Die Frau ignoriert ihr Handy

Wenn eine Frau im Gespräch mit Ihnen ihr Handy klingeln lässt, ohne zu schauen, wer dran ist, ist das ein gutes Zeichen. Auch wenn sie das Gespräch oder eine SMS „wegdrückt", ohne zu checken, von wem der Anruf kam, stehen Ihre Chancen gut.

Die Frau teilte Essen oder Getränke mit Ihnen

Wenn eine Frau Sie ihr Essen probieren oder an ihrem Drink nippen lässt, dürfen Sie das Zeichen der Sympathie deuten.

Sie fragt nach Ihrer Freundin oder Frau

Erkundigt sich die Frau ganz unschuldig nach Ihrem Beziehungsstatus, dürfen Sie einen Punkt für sich verbuchen.

Sie begleitet Sie nach draußen zum Rauchen, obwohl sie selbst nicht raucht

Sehr gut. Sie dürfen sich freuen. Diese Frau ist definitiv an Ihnen interessiert.

Tipp: Frauen flirten anders

Frauen werden beim Flirten viel seltener selbst aktiv als Männer. Das liegt an ihrer Erziehung, ihrer Rolle in der Gesellschaft und vielleicht auch einfach in ihrem Wesen.

Erwarten Sie deshalb also keine eindeutigen oder direkt auffordernden Signale von einer Frau. Missdeuten Sie deren eher passive Haltung nicht als Desinteresse oder gar Ablehnung.

Es gilt das gesprochene Wort!

Denken Sie daran, dass ein vereinzeltes Flirtsignal auch immer zufällig oder nur aus Nervosität auftreten kann. Manche Frauen zeigen auch bestimmte Verhaltensweise wie Lächeln oder Lachen nur aus Höflichkeit.

Wenn Sie allerdings gleich mehrere Flirtzeichen entdecken, können Sie fast schon sicher sein, dass Sie auf dem richtigen Weg sind. Aber: Es gilt das gesprochene Wort! Wenn eine Frau „Nein“ sagt, akzeptieren wir das natürlich auch dann, wenn wir ganz sicher waren, die typischen Flirtsignale entdeckt zu haben.

So geht es weiter

So, Sie sind jetzt fit für den Flirteinsatz. Erfahrungsgemäß ist aber das Lesen darüber, wie man richtig flirtet, einfacher, als das Gelernte auch tatsächlich in die Tat umzusetzen. Wichtiger ist es, aktiv zu werden und das neue Flirt-Wissen möglichst bald anzuwenden.

Neue Gewohnheiten und Denkweisen sind wie die untrainierten Muskeln eines Sportanfängers. Sie können nur wachsen, wenn sie auch benutzt werden. Beginnen Sie also noch heute, Sie werden mit jedem neuen Versuch besser und garantiert schon bald Erfolg haben.

Ihr Michael Caravetti

Kontakt

Haben Sie eine Frage oder eine Anregung? Wir freuen uns darauf, von Ihnen zu hören.

Wenn Ihnen das Buch gefallen hat, freuen wir uns natürlich auch immer sehr über eine positive Bewertung bei Ihrem Buchhändler. Schon im Voraus vielen Dank dafür :-)

Bitte senden Sie Ihre Fragen oder Vorschläge an:

Zebrabuch

Auf dem Kamp 15

51645 Gummersbach

Stichwort: Glück

Per E-Mail:

info@zebrabuch.de

oder direkt an:

michael.caravetti@zebrabuch.de

Lesetipp

Verpassen Sie nicht den Bestseller unseres Autors, Alexander Stern. Mit diesem Buch beweist der Autor, dass jeder lernen kann, selbstbewusster aufzutreten. Dazu bedarf es allerdings Änderungen der eigenen Denkweise. Wie das geht, erfahren Sie in diesem Buch.

Selbstbewusstsein kann man lernen!

Zebrabuch: E-Book / Taschenbuch

Es ist wirklich ungerecht. Die dümmsten Mitmenschen haben auch das größte Ego. Auf der anderen Seite zweifeln viele intelligente und begabte Menschen ständig an ihren Fähigkeiten. Während die einen vor Selbstbewusstsein strotzen, grübeln die anderen darüber nach, ob sie einer Herausforderung gewachsen sind und ob andere Menschen sie mögen, oder nicht.

Und die Selbstbewussten sind damit auch noch erfolgreich! Sie bekommen den Posten oder die Gehaltserhöhung, die eigentlich Ihnen zustehen würde. Selbst im Privatleben haben selbstbewusste Menschen viele Vorteile. Sie bekommen häufiger den Partner, den sie sich wünschen, haben mehr Freunde und sind insgesamt glücklicher.

In diesem Buch finden Sie wertvolle Tipps für ein besseres Selbstbewusstsein, die sich schon bei vielen Menschen bewährt haben. Betrachten Sie die Tipps als Anregungen und setzen Sie einfach die um, die Ihnen am besten gefallen, oder die für Sie am besten funktionieren.

Taschenbuch: ISBN 978-3-86427-044-4

E-Book: ISBN 978-3-86427-009-3